영유아, 식육食育으로 자란다

김은주 김정화 조명숙 안세정 공저

YANGSEOWON
양서원

책을 펴내면서

영화 『리틀 포레스트(Little Forest)』를 보신 적이 있습니까? 2018년에 개봉된 이 영화는, 바쁜 도시 생활에서 벗어나 시골에서의 삶을 선택한 주인공이 자연과 함께 성장하는 과정을 그리고 있습니다. 주인공 혜원이 도시의 삶 속에서 지친 마음을 고향인 시골로 돌아와 자연에서 직접 재배한 재료로 음식을 만들어 먹으며 소소한 행복과 자아를 찾아가는 과정을 따뜻하게 그려냅니다. 자연은 그리고 음식은 때로는 우리의 마음에 생긴 상처를 치유해주는 역할을 하기에 충분합니다. 그런 점에서 이 영화는 도시의 바쁜 삶에 지친 우리들에게 큰 공감을 불러일으킵니다.

『영유아, 식육(食育)으로 자란다』라는 제목의 이 책은, 영유아들도 음식을 매개로 한 영유아기 추억을 통해 몸과 마음을 채우고, 훗날 살아갈 힘을 얻을 수 있을 거라는 믿음을 가진 저자들이 뭉쳐서 만들어 낸 결과입니다. 오랜 기간 영유아기 식생활교육에 관심을 가지고 연구와 실천을 해온 저자들은, 그동안 해왔던 노력들을 '식육(食育)'이라는 화두로 꺼내 보고자 합니다. 식육은 말 그대로 '먹는 걸로 기른다'는 뜻입니다. 음식을 통해서 아이들이 무엇을 배우고 어떻게 성장하는지 그 사례를 나누고자 합니다.

이 책은 영유아교육기관에서의 식생활교육, 즉 식육 실천 사례를 옮겨놓은 책입니다. 그리고 먹을거리 관련 교육에 대해 마음속에 담아두었던 저자들의 오랜 이야기도 함께 풀어보았습니다. 보통 영유아교육기관의 먹을거리 관련 교육은 영양교육, 식생활교육으로 이야기하지만, 이 책에서는 '식육(食育)'이라는 용어로 먹을거리를 통해 아이들을 기르고 자라게 하는 내용을 전달하고자 하였습니다.

'하나. 食育, 세대를 잇는다'라는 첫 번째 챕터는, 먹을거리에 대한 추억과 경험이 세대를 이어 계속된다는 식육을 통한 사람들과의 관계적인 내용을 담고 있습니다. 어릴 때 맛있게 먹었던 음식에 대한 기억을 통해 어린 시절을 기억하고 추억하며, 할머니의 음식 또는 엄마와 아빠가 직접 만들어 주신 음식에 대한 마음을 떠올리며 세대가 이어지는 경험을 적어보았습니다. 또 아이들과 유치원 · 어린이집 생활에서 경험했던 다양한 먹을거리 관련 이야기들, 이러한 먹을거리가 우리에게 오기까지 거치게 되는 과정이 연결되어 있다는 내용을 첫 번째 챕터에서 다루었습니다. 그리고 두 번째로 '두울. 食育, 계절과 절기가 담겨 있다'라는 장은 봄 · 여름 · 가을 · 겨울의 순환 속에서 절기별 음식, 제철 식재료, 요리 사례 등을 담아보았습니다. 세 번째로 '세엣. 食育, 우리의 손길로 심고 만든다'라는 챕터는 하나의 음식을 먹기 위해 우리가 할 수 있는 일들, 대표적으로 텃밭에서 작물을 직접 심고 가꾸고 먹는 사례, 음식을 직접 만들어 보는 것들 외에도 일상에서 식육이 곳곳에서 이루어진다는 내용을 담고 있습니다. 네 번째로 '네엣. 食育, 밥 한 그릇에도 온 마음을 다한다'라는 챕터는 음식을 담는 그릇에서부터 정성을 담으며, 음식을 만드는 사람과 먹는 사람의 마음까지도 생각해 볼 수 있는 사례들을 다루어 보았습니다.

먹을거리에 대한 기억을 떠올려 보면, 참 많은 일들이 생각납니다. 경험했던 모든 일들을 이 책 속에 다 담을 수는 없었지만, 그래도 추억이 된 그 기억을 떠올리며 함께 미소 지을 수 있었기에 이 책을 집필할 수 있었습니다. 옛 기억을 들춰내 보면서 그리움에 아려오는 가슴을 안고 몰래 눈물을 훔치기도 했고, 웃겼던 그날을 떠올리며 다 같이 키득거리기도 했습니다. 아이들과 함께 음식을 준비하고 만들고 나누어 먹었던 기억들이 이렇게 마음을 흔들어 놓을 줄이야 상상이나 했겠습니까. 이 책에 눌러 쓴 글자 하나 하나에는 저자들이 아이들뿐만 아니라 엄마, 아빠, 선생님, 할머니들과 함께 나누었던 시간까지도 담겨 있어, 참으로 따뜻한 책이 된 것 같습니다. 못다 한 이야기들은 다음 기회에 또 담을 수 있는 기회가 있기를 바래봅니다.

마지막으로 동래꿈에그린어린이집, 동래3차SK뷰어린이집 아이들과 선생님들, 그리고 학부모들에게 진심으로 감사드립니다. 그리고 부족한 원고를 멋진 책으로 만들어 주신 양서원 출판사에도 감사 인사드립니다.

2025년 11월
저자들이 함께 마음을 모아 적다

차례

음식은 몸을 키우는 것만이 아니라 마음을 채우는 것이다

오늘은 무엇을 먹을까? 어떤 음식을 맛있게 먹을까? 누구나 자주 이런 고민을 하지 않았을까 싶습니다. 어쩌면 매일 하는 생각일 지도 모르겠습니다. 사실 오늘 아침에는 뭘 먹을지, 점심에는, 그리고 저녁에는 또 뭘 먹을지 고민하는 것은 그리 이상한 일도 아닙니다. 왜냐하면 음식은 우리가 살아가는 데 있어서 중요한 역할을 하기 때문입니다. 기본적으로는 생명을 유지하기 위한 필수 요건이자, 몸을 튼튼하게 하고 기분을 좋게 해주는 등 부수적인 역할도 합니다. 그렇기에 매일 무엇을 어떻게 먹을지에 대해 고민하는 것은 당연한 일이지 않을까 싶습니다.

불과 몇십 년 전만 하더라도 우리에게 먹을거리는 허기를 달래고 배를 채우는 것으로 여겨졌습니다. 한 끼를 해결하는 것이 그만큼 어려웠던 시절이 있었습니다. 그렇지만 이제는 생명 유지나 건강 증

진이라는 이유를 넘어, 힘든 하루를 이겨내게 하는 힐링이자 치유의 매개입니다. 2025년 초히트를 친 드라마 『폭싹 속았수다』에서는 주인공 애순이가 이별의 아픔으로 '강렬한 허기'를 느끼고 '엄마 밥이 먹고 싶어졌다'는 대사와 함께 고향집으로 내려오는 장면이 나옵니다. 엄마와 아빠는 "새 밥 곰방 돼."하면서 정성을 가득 담은 각종 음식으로 주인공의 허기를 달래줍니다. 이때 음식은 지친 딸을 치유하는 약입니다. 또한 수많은 먹방 프로그램이 공중파에서뿐 아니라 유튜브 공간에서도 인기인 걸 보면, 이제 음식은 반복되는 일상 속의 마음을 채우는 즐거움 같은 것입니다.

눈으로 음식을 먹는다는 말이 있습니다. 보기 좋은 떡이 먹기도 좋다는 속담도 있습니다. 또 음식은 마음의 양식이라는 말도 있습니다. 허기를 달래기 위한, 소위 한 끼 때우기 위한 밥상이 아니라 과일 한 조각 떡 한 쪽에도 스토리를 담아냅니다. 그리고 이런 음식을 먹을 때면 입이 즐거울 뿐 아니라, 마음까지 풍요로워집니다.

무엇을 어떻게 먹느냐에 따라 '몸'과 '마음'이 달라집니다. 무엇을 어떻게 먹느냐는 중요한 문제입니다. 음식을 만드는 재료 하나를 고를 때도 건강을 생각해야 하고, 어떤 재료로 어떤 방식으로 만들어 먹는지에 따라 몸을 건강하게 하기도 하고 그렇지 않기도 합니다. 즉 건강을 생각하는 재료와 균형 잡힌 식사, 건강한 조리법을 활용하는 것이 몸의 건강을 지키는 길입니다. 쌀 한 톨, 밥 한 그릇에도 생명이 담겨 있습니다. 그 생명의 기운이 우리 몸에 그대로 전해질 수 있도록 하여 건강한 몸을 생성하고 유지할 수 있도록 할 필요가 있습니다. 정성을 담아 준비한 음식에는 그 사람의 마음이 담겨 있습니다. 먹는 사람이 맛있게 먹고 기분이 좋기를 바라는 만드는 사람의 마음이 그대로 전해지고, 사랑과 정성이 고스란히 전해져 먹는 사람의 마음을 더욱 특별하게 해줍니다. 보통 책을 마음의 양식이라고들 이야기하지만, 음식도 마음의 양식이 될 수 있습니다. 맛있는 음식은 찰나의 배고픔을 잊게 해주고 맛으로 행복을 느끼게 해주며 하루의 고됨도 보상해 줍니다.

이렇듯 음식에는 몸과 마음을 자라게 하는 힘이 담겨 있습니다. 그리고 생명이 담긴 재료와 정성이 담긴 음식에는 행복이 담겨 있습니다. 이 모든 사랑과 정성이 먹을거리를 통해 고스란히 전해져 우리의 삶을 더욱 생기있게 만들어 주고 특별하게 해줍니다. 먹을거리로 얻은 행복은 또 다른 행복으로 이어지고 이러한 마음은 사람과 사람, 사람과 먹을거리 사이를 이어주고 계속 돌고 돌게 됩니다. 먹을거리에 담긴 마음은 하나의 마음이 아닙니다. 그 결과물은 하나일지 몰라도 무수히 많은 정성과 생명의 기운이 담겨 있습니다. 절대 혼자서 만들어 낼 수 있는 것이 아닙니다. 그래서 우리는 늘 감사하는 마음으로 음식을 먹어야 합니다. 음식의 재료들과 그 재료들이 만들어지기까지 영향을 주는 자연의 기운과 사람의 정성, 우리의 식탁으로 오기까지 거치는 동안의 노력과 음식을 먹기까지의 모든 과정이 감사함 그 자체입니다. 그렇기에 교사와 아이들은 항상 점심과 간식을 먹기 전에 감사기도를 하고 먹습니다. 그 감사함은 조리사 선생님뿐만 아니라 그 음식을 만들기까지 함께 수고해 주신 여러 사람들과 모든 뭇생명까지 포함하는 감사함입니다. 이런 점에서 먹을거리를 통한 교육, 즉 식육의 교육적 가치와 의미를 찾아볼 수 있습니다.

식육(食育)에는 관계성, 순환성, 다양성, 영성이 담겨 있습니다. 식육을 통해 세대를 잇고, 계절과 절기를 온몸으로 느끼면서, 우리 아이들의 손으로 직접 해낸 일들이, 아이들의 반응과 따뜻한 마음으로 전해질 것입니다.

식육의 교육적 가치와 의미

먹을거리는 음식 그 자체만을 의미하는 것이 아닙니다. 식육은 먹는 행위 그 이상의 의미를 담고 있습니다. 우리는 음식에 대한 기억을 떠올리며 할머니 세대와 부모 세대, 우리 세대가 연대하고 있음을 마음으로 느낍니다. 그리고 한 끼 밥상은 흙, 물, 햇빛 등 수많은 생명과의 관계 속에서 만들어지며, 생산자와 운반자, 판매자, 음식을 만드는 사람 등 여러 사람의 손을 거쳐 완성됩니다. 그래서 식육은 이 모든 존재와의 **'관계성'**을 깨닫고 감사하는 태도를 길러주는 것입니다.

우리가 먹는 생명의 먹을거리는 자연의 순환 속에 있습니다. 사계절의 순환 속에서 먹을 수 있는 제철 음식, 절기별 음식은 다양합니다. 계절과 절기마다 나는 먹을거리들은 맛을 넘어서서 그 계절을 나기 위해 우리 몸이 필요로 하는 영양을 담고 있습니다. 자연스럽게 자라는 먹을거리들은 환경에 대한 부담도 적으며, 자연의 리듬을 따라 음식을 먹다 보니 몸의 순환도 좋아집니다. 이에 우리 조상님들은 제철에 나는 음식을 드시면서 건강한 일 년을 보낼 수 있었습니다. 그래서 식육은 자연의 리듬과 **'순환성'**을 배우며 생명의 흐름에 맞춰 살아가는 지혜로운 실천입니다.

음식을 먹기 위한 과정은 간단하지 않습니다. 먹을거리를 준비하기 위해서는 자연의 힘도 필요하지만, 우리가 직접 심고 가꾸고 돌보는 일을 해보아야 합니다. 텃밭에서 작물을 직접 심고 가꾸어보면 생명의 다양함을 경험할 수 있고, 직접 수확한 작물로 내가 좋아하는 음식을 만들어 먹어 보면 자연을 포함한 이 모든 과정에 감사한 마음을 가질 수 있습니다. 다양한 식재료로 음식을 만들어 보고, 일상 곳곳에서 먹을거리를 이용하여 다채로운 삶을 꾸려볼 수 있습니다. 그래서 식육은 먹는 교육이 아니라 먹을거리를 준비하는 과정의 교육이며, 생명과 생활의 **'다양성'**을 배우고 우리의 손길로 만들어 나가는 교육입니다.

이러한 먹을거리에는 생명과 정성이 담겨 있습니다. 밥 한 그릇을 짓기 위해 들어가는 모든 과정은 어느 것 하나 소홀할 수 없습니다. 쌀 한 톨이 우리 밥상에 오르기까지 들어가는 수많은 자연과 사람의 손길도, 그 쌀로 밥을 짓기 위해 들이는 노력과 먹는 사람을 생각하는 마음도 모두 밥 한 그릇에 담겨 있습니다. 우리는 밥 한 그릇을 결코 허투루 짓지 않고, 심지어 밥을 담는 그릇 하나에도 정성을 기울입니다. 이렇게 지은 음식을 잘 먹는다는 것은 그 안에 담긴 수많은 정성에 대한 존중과 감사를 의미합니다. 그래서 식육은 밥 한 그릇에도 온 마음을 다하는 태도를 통해 **'영성'**을 배우는 생명 활동이자, 더불어 살아가는 따뜻한 길입니다.

하나

식육, 세대를 잇는다

음식을 먹는 것은 순간이고 찰나이지만 한 끼가 남긴 맛과 향, 그리고 온기는 오래도록 마음에 스며든다. 음식에 대한 기억은 우리 몸의 온 감각에 남아있다. 그래서 누구나 어린 시절 경험했던 음식 만드는 소리, 냄새, 맛, 정성스러운 밥상의 모습까지 기억해 낸다. 그 기억은 눈과 혀, 코와 귀 등 모든 감각에 그대로 저장되어 어른이 되어도 잊지 못하는 추억의 한 페이지가 된다.

밥상 한 끼의 힘은 세대를 거쳐 내려올 만큼 놀랍고 위대하다. 누군가는 어릴 적 먹었던 밥상을 떠올리며 그 음식을 찾고, 또 누군가는 그 음식을 배우고, 또 누군가는 그 음식으로 새로운 음식을 만들어 낸다. 이렇게 이어지는 식을 통한 배움, 즉 식육은 한 끼 한 끼가 세대와 세대를 잇는 다리가 된다. 그래서 오늘 우리가 차린 밥상은, 우리 아이들의 미래 기억이 될 것이다. 또한 밥상을 둘러싼 온기와 정성은 기억의 깊은 층에 가득 남아, 이 기억들은 또 다른 밥상을 차리게 하는 힘이 될 것이다. 이처럼 식육은 단순히 먹는 것을 넘어서는, 삶 속에서 사람들과의 관계를 잇는 가장 일상적이면서도 특별한 일이 된다.

어릴 때 맛있게 먹던 엄빠표 밥상

아침을 깨우는 맛있는 소리

왜 벌써 아침이냐며 투덜거리면서도, 무거운 눈꺼풀을 걷어 올리고 하루를 맞이한다. 필자의 어린 시절을 추억해 보면, 아침 시간은 꽤나 시끌벅적했던 기억이 난다. 일어나라고 깨우는 엄마의 시원한 목소리와 함께 주방에서는 다양한 소리가 들렸다. 칼과 도마가 부딪히며 딱딱 내는 소리, 보글보글 찌개 끓는 소리, 밥솥 돌아가는 소리, 믹서기 소리에 일어나지 않고는 못 배길 지경이었다. 그야말로 분주한 아침의 시작을 알리는 순간들이었다. 이렇게 우리 집 아침은 늘 활기차게 시작되었다. 주방에서 나는 소리에 냄새와 맛은 덤이었다. 특히 찌개와 밥 냄새는 얼마나 기가 막히는지, 저절로 나의 몸을 식탁 앞으로 이끌었다. 필자에게만큼은 그야말로 아침을 깨우는 맛있는 소리의 향연이었다. 어떤 이들은 눈 뜨자마자 밥이 넘어가냐고 묻기도 한다. 그런데 이때부터 단련되었던 것 같다. 늘 아침밥을 먹던 습관은 규칙적인 습관의 기본이기도 했다.

사실 엄마는 아침에 더 자고 싶어도 가족들에게 든든한 아침 밥상을 차려주시기 위해 무거운 몸을 일으켜 세우셨을지 모른다. 매일의 그 정성 덕분에 필자는 매일 빈 속을 따뜻하게 채우고 집을 나설 수 있었다. 물론 그땐 그게 그렇게 대단한 일인지 몰랐다. 왜냐하면 아침을 거른 적이 단 하루도 없었기에, 당연하다고 생각했던 것 같다. 그런데 어른이 되고 보니, 특히 아이를 낳고 키우다 보니 이제야 엄마가 얼마나 대단한 일을 그리 오랫동안 하셨는지 이해가 되었다.

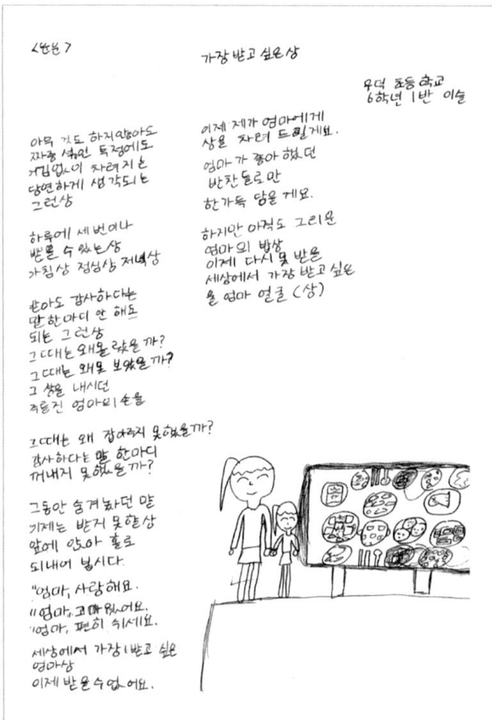

초등학생이 쓴 〈가장 받고 싶은 상〉이 '엄마 밥상'이라는 시를 읽으면서 눈물을 훔쳤던 기억이 난다. 사람들은 누구나 어릴 때 맛있게 먹던 밥상이 그립고 생각나는가 보다. 우리가 삶에 지칠 때 어린 시절을 떠올리는 건 어쩌면 매일 먹던 그때의 맛이 그리워서 기억을 더듬는 건 아닐까.

요즘은 바쁘다고, 간편하다고, 맛있다고 우유에 시리얼 한 그릇, 빵 한 조각, 과일 한 조각, 쉐이크 등으로 아침을 해결하는 가정도 많다. 다이어트를 위해 아예 아침을 거르는 사람도 많다. 뭐가 좋고 나쁘다고 섣불리 말할 수는 없지만, 분명한 것은 필자의 기억에 어린 시절 엄마의 밥상은 '한국인은 밥심'이라는 말을 떠올리게끔 했다는 것이다. 매일 따뜻한 밥과 국과 생선 등 소박하게 차려주셨던 엄마의 밥상을 잊을 수가 없다. 아마 그 때문인지도 모르겠지만, 필자는 '밥 부심', 특히 '아침밥 부심'이 있다. 그래서 부득이한 경우를 제외하고는 무조건 아이들 아침밥은 먹도록 한다.

엄마에게 음식 솜씨를 물려받은 것은 아니지만, 자라는 아이들에게 아침밥이 중요하다는 것만큼은 확실하게 배웠다. 그리고 골고루 어린 시절 맛보았던 음식을 아이들에게도 해주려고 노력하고 있다. 이런 나름의 철칙을 고수하느라 몸이 힘들 때도 있지만, 먼 훗날 우리 아이들도 힘든 날 엄마가 해주었던 한 끼로 밥심을 얻기를 간절히 소망해 본다.

우리, 아빠한테 계란말이 해달라고 하자!

바쁜 아침에 갖은 채소를 넣고 좋아하는 치즈까지 넣어서 만들어 준 엄마의 계란말이를 먹은 아이들은 "어, 이게 아닌데."하고는 고개를 갸우뚱한다. 음식이 만족스럽지 못했는지, "내일 아빠한테 치즈 계란말이 해달라고 하자.", "그래그래."하고 아주 호흡이 잘 맞는 아이들이다. 결국 아이들은 다음 날 아빠에게 새롭게 계란말이를 해달라고 했다. 나름 채소를 골고루 먹이고 싶은 마음에 신경 쓴 건데, 아이들의 입맛은 솔직했다고 해야 하나. 평소 아이들의 아침밥은 엄마의 몫이었지만, 가끔은 아빠의 몫이 될 때도 있는데, 그날이 바로 오늘이었다. 아빠는 영문도 모른 채 아이들이 만들어 달라는 계란말이 솜씨를 발휘했다. 아빠표 계란말이에 대한 아이들의 찬사가 이어졌다.

내심 걱정했던 마음은 사르르 사라졌다. 아침밥 부심이 있는 엄마인지라 걱정 반 기대 반으로 아이들에게 물어보니 아빠의 계란말이는 단연 최고라고 하였다. 아이들의 찬사는 거짓이 아니었다. 너무 맛있게 아침을 먹었다며 행복해하는 아이들을 보면서 약간의 배신감과 질투심이 생겼다. 그동안 바쁜 시간을 쪼개서 열심히 만들어 주었건만, 오히려 단순하게 만든 아빠의 계란말이를 선택한 아이들에게 차마 뭐라고 할 수는 없었다. 다시 생각하니 맛있게 잘 먹어줘서 그저 기특하고 고마울 뿐이었다.

요즘은 엄마보다 요리를 더 잘하는 아빠들이 많이 있다. 전문가 못지않은 솜씨를 발휘하는 모습을 보면 시대가 달라지고 있음을 다시금 느끼게 된다. 아빠가 놀아주고, 아빠가 책도 읽어주고, 아빠가 요리해 주는 경험이 아무것도 아닌 것 같지만 아이들의 기억과 마음의 창고 속에는 차곡차곡 쌓이게 될 것이다. 아빠 역시 본인이 만든 음식을 맛있게 먹는 아이들이 사랑스러울 것이다. 언젠가는 우리 아이들도 지금 필자와 같은 이야기를 하지 않을까 내심 기대해 본다. 어렸을 때 우리 엄마가 해줬던 음식이, 우리 아빠가 만들어 주셨던 음식이 생각난다고 말이다.

추억의 음식, 볶음밥과 물김치

볶음밥을 한국인의 소울푸드라고 감히 말해 본다. 메인 음식의 마무리로, 배가 불러도 볶음밥을 먹지 않으면 뭔가 허전한 것 같다. 그리고 볶음밥에 시원한 물김치를 같이 먹으면 더 맛있게 먹을 수 있다. 물론 개인 취향이기는 하지만, 볶아 먹는 마른 밥이라 목 넘김을 좋게 하는 물김치와의 조합은 꽤 괜찮은 조합이라 생각한다. 어렸을 때 엄마가 볶음밥을 자주 만들어 주셨던 기억이 난다. 자주라 해서 뭔가 싫거나 질리거나 그랬던 것은 절대 아니다. 볶음밥은 재료에 따라 맛과 종류가 달라지는 그런 음식이어서, 매번 여러 가지 재료들을 적절하게 넣어 만들어 주신 엄마표 볶음밥은 항상 맛있었다.

그런데 왜 많은 음식 중에서 유독 볶음밥이었을까. 그때는 이유를 완전히 헤아릴 수 없었지만, 필자도 엄마가 되어보니 서서히 이해가 되어가는 것 같다. 볶음밥은 몇 가지 재료만 있으면 정말 간편하고 맛있게 만들 수 있고, 재료에 따라 영양도 골고루 챙길 수 있는 괜찮은 음식이다. 아마 엄마가 만들어 주신 한 그릇의 볶음밥에는 많은 복합적인 사연이 담겨 있었을 것이다. 때로는 간편하고 때로는 정교한 볶음밥 한 그릇으로 밥상을 평정해 버린 엄마의 노련함을 필자도 이제야 자연스럽게 배운 것 같다.

엄마가 된 지금, 가족들에게 때마다 무슨 음식을 만들어 주어야 할지 늘 고민하고 늘 준비하는 삶이 익숙해졌다. 각자의 취향이 다르고 어른과 아이가 먹을 수 있는 음식의 종류도 조금씩 달라서 나름의 세심함이 필요하다. 그럴 때 볶음밥으로 식사 시간을 평정할 수 있다. 냉장고에 어떤 재료가 남아있느냐에 따라 그날의 볶음밥 종류는 달라진다. 다양한 볶음밥을 맛본 아이들에게도 이제 볶음밥에 대한 나름의 기호가 생겼다. 오늘은 이 볶음밥, 다른 날은 저 볶음밥으로 주문하는 아이들의 태도는 매우 능숙하다. 그날의 맛을 좌우하는 갖가지 재료들을 이제는 직접 선택하여 당당하게 요구하는 아이들이다. 이들에게 더욱 고마운 건 “역시 엄마가 만든 볶음밥이 최고야!”하고 연신 손가락을 치켜세우는, 엄마의 자존심을 한껏 세워주는 사랑스러움이다. 요리에 다소 창의적이지 못한 엄마이지만, 그래도 볶음밥을 만들 때만큼은 위축되지 않는다. 바쁜 아침에도 한 그릇 뚝딱하고 집을 나설 때면 그렇게 예쁠 수가 없다.

그래서 필자의 생각에 볶음밥은 엄마의 사랑이 듬뿍 담긴 최고의 음식이자, 한 그릇의 음식으로도 다양한 재료를 맛볼 수 있어서 영양학적으로도 손색없는 음식인 것 같다. 재료에 따라 맛도 어느 정도 보장되고, 똥손 엄마를 금손 엄마로 만들어 주는 마법 같은 음식이니까 말이다. 또한 만드는 사람도 먹는 사람도 시간을 절약할 수 있는 실속형 음식으로도 최고라 생각된다. 필자의 추억 속 음식, 간단하지만 최고의 맛을 낼 수 있는 한 그릇 음식으로 돈독한 가족애(愛)도 생기지 않을까 싶다.

음식도 직접 해 보아야 알지

배달 음식의 홍수 속에서도 필요한 것은?

요즘 우리는 음식 먹는 것이 정말 편해진 세상에서 살고 있다. 돈만 있으면 매일 밥을 하지 않아도 식당에서 해결하는 한 끼 밥상, 또는 휴대폰과 음식 배달 어플 하나만 있어도 하루 세 끼는 거뜬히 해결할 수 있으니 말이다. 마트에서도 손쉽게 밥을 살 수 있어, 집에서 놀고 있는 밥솥도 꽤 있을 것이다. 이렇게 우리는 다양한 정보의 홍수가 아닌 다양한 어플 속 배달 음식의 홍수 속에서 산다고 해도 과언이 아니다. 먹고 싶은 메뉴를 정하고 손가락으로 휴대폰을 몇 번만 만지작하면 맛있는 음식을 바로 집 앞으로 갖다주니 말이다.

반찬가게도 문전성시를 이룬다. 일일이 장을 봐서 가족들의 입맛에 맞는 반찬들을 하나씩 만드는 비용과 시간과 정성을 생각하면, 요즘은 반찬을 사 먹는 비용이 더 저렴하다는 이야기도 많이 한다.

반찬 만드는 데 드는 품이나 반찬 사 먹는 비용이나 별반 차이가 없다는 인식이 너무나도 자연스럽다. 그리고 바쁜 현대사회 엄마 아빠들은 음식을 만드는 시간 대신 편리함을 택했고, 그에 상응하는 비용을 지불하는 것이 전혀 아깝지 않다고 여긴다. 그래서 요즘은 밥을 하지 않는 집도 상당히 많다고들 한다. 식구들이 모두 바빠서 같이 밥 먹을 시간이 없는 경우, 오히려 집에서 음식을 해 먹는 것이 비효율적일 수는 있다. 또 요리가 서툰 엄마 아빠들에게는 오히려 자신보다 더 음식을 맛있게 해주는 반찬가게 사장님이 그저 고맙기도 하다. 심지어 반찬가게에서 배달까지 해주니 이보다 더 좋을 수 있을까 싶다. 물론 입에 맞는 반찬가게를 선점하는 수고 정도는 감수해야 할 것이다.

그렇게 생각하면 매번 맛있는 음식을 손수 만들어 챙겨주셨던 엄마가 대단해 보이고, 할머니는 더 대단해 보인다. 아마도 할머니와 엄마 세대는 음식에 더 많은 수고와 정성을 담아내셨을 것이다. 지금처럼 배달 음식이나 식당, 반찬 가게가 흔하지 않았을 시대에 매 끼니마다 밥상을 챙기는 일은 참 까다로웠을 것 같다. 그렇지만 그게 당연한 시대였을 것이고, 그렇게 아침 먹고 돌아서면 점심이고 또 돌아서면 저녁이라는 푸념 섞인 말씀이 전혀 이상하지도 않다. 그런데 요리라는 것이 처음부터 잘하기 보다는, 하다 보니 조금씩 늘기 마련이다. 깊은 내공의 할머니와 엄마의 음식들은 바로 그런 과정을 거쳐온 것이다. 가족들을 위해 쏟아내던 모든 노력의 결과물로 말이다.

그래서 배달 음식의 홍수 속에서도 가정에서 음식을 만들어 먹으려는 노력이 필요하다고 생각한다. 더욱이 아이를 키우는 집이라면 요리하는 엄마와 아빠의 모습을 자주 보여주고, 다양한 식재료를 경험하면서 한 끼 밥상이 차려지기까지의 과정을 눈여겨보도록 해본다. 음식에 들어가는 정성을 느끼고 먹을거리에 대한 감사한 마음을 지니도록 하는 것이다. 먹을거리가 차고 넘치는 시대를 살고 있는 아이들에게, 쌀 한 톨 콩 한 쪽의 소중함을 알려주는 것만큼 중요한 일도 없지 않을까 생각된다. 아울러 아이들은 집에서 나는 밥 냄새를 맡고, 엄마와 아빠의 손길이 닿은, 손맛이 담긴 음식을 먹으며 자라야 한다. 인스턴트 음식, 밖에서 사 먹는 음식을 통해서는 느낄 수 없는 따뜻한 기운을 아이들도 음식을 통해 느낄 것이고, 이는 엄마와 아빠와의 좋은 추억으로 남게 될 것이다.

이 김치는 누구 김치야?

매일 밥상에서 빠지지 않는 김치는 한국을 대표하는 음식이자 세계 속에서도 그 위상이 높다고 자부할 수 있다. 배추김치, 백김치, 총각김치, 열무김치, 깍두기, 물김치, 파김치, 갓김치, 양파김치 등 김치의 종류도 각양각색이고, 철마다 나는 좋은 재료로 만든 김치는 입맛을 돋우기에 부족함이 없으며 김치에 밥 한 그릇은 뚝딱이다. 물론 아이들에게 김치는 빨간 맛, 매운맛으로 각인되어 있어 처음부터 잘 먹는 아이들은 많지 않은 것 같다. 그렇다고 해서 김치를 먹지 않는 것은 아니다. 어릴 때부터 아이들이 먹을 수 있도록 맛을 조절하여 김치 맛에 자연스럽게 익숙해지도록 한다.

아이들이 김치에 친해질 수 있는 여러 방법이 있겠지만, 해마다 많은 기관에서는 그해 수확한 배추와 구매한 배추로 아이들과 김치를 만들어 본다. 이때 아이들은 '내가 만든 김치'라는 것에 큰 의미를 두며, 자신이 직접 만든 김치에 많은 애정을 갖는다. 그래서 채소와 김치를 잘 먹지 않는 아이들도 김장 날이면 소금에 절인 배추까지도 맛있게 먹는 재미있는 광경을 볼 수 있다. 이렇게 '내가 만든 김치'는 아이들을 유명한 조리사로 만들어 주었다. 그리고 김치를 아주 잘 먹는 아이로 만들어 주기도 했다. 점심으로 맨날 나오는 김치는 먹기 싫었지만, 그래도 자기가 만든 김치는 곧잘 먹는 것 같았다. 김장이라 해봐야 아이들은 미리 절여놓은 배추에다가 양념만 바르는 것이지만(물론 배추 모종을 심고 가꾸고 수확하여 소금에 절여놓는 작업까지 함께 하지만, 김장 당일의 역할은 양념 바르는 것임) 끝나고 나면 마치 100포기 정도 김장을 해본 사람처럼 의기양양해진다. 그리고 그날 점심 밥상에 나오는 김치를 보면서 자기들이 만든 김치인지 아닌지 갑론을박을 펼치며 맛있게 먹는다. 김장 날 수육이 함께 나오기라도 하면 그야말로 행복한 밥상이 된다.

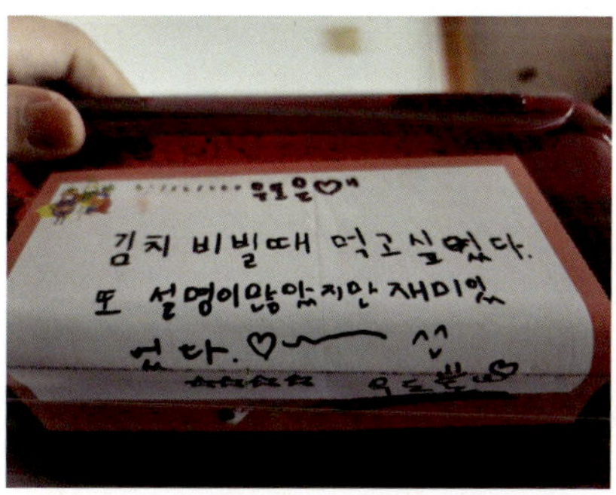

하루는 필자의 아이가 현장체험을 다녀왔다더니 손잡이가 달린 큰 반찬통에 김치를 한가득 담아 집에 온 적이 있었다. '김치 비빌 때(?) 먹고 싶었어요'라는 메시지와 함께

김치통을 아주 호기롭게 내미는 것이었다. 아마 배추를 양념에 버무릴 때 먹고 싶었다고 말하는 것 같았는데, 자기 김치를 먹어보라고 하며 맛이 어떤지 계속 묻는 아이의 눈빛은 어서 맛있다고 이야기해 달라는 간절한 요청으로 보였다. 그런데 생각보다 맛이 있어서 놀라긴 했었다. 아이는 맛있다는 말 한마디에 얼른 밥을 달라고 하였다. 그리고 이제 밥을 먹을 때는 집에 있는 할머니 김치 말고 자기 김치를 꺼내주어야 한다는 당부도 잊지 않았다.

사실 우리 아이들은 할머니 음식을 참 좋아하는 편이다. 김치도 그중 하나로, 음식이 입에 맞는 날에는 엄마가 한 음식인지 할머니가 한 음식인지 꼭 확인한다. 마치 미슐랭 심사위원이 된 것처럼 음식을 맛보고는 "진짜 진짜 너무 맛있어!"라는 호평을 늘어놓는다. 그리고 달콤한 한마디를 덧붙여 말한다.

"엄마, 할머니는 왜 맨날 우리한테 맛있는 음식을 해주시는 거예요?
할머니 음식은 웬만한 건 다 맛있는 것 같아요.
할머니한테 진짜 감사한다고 해야겠어요."

아이들에게 할머니는 항상 맛있고 건강한 음식을 만들어 주시는 분으로 기억되고 있는 것 같다. 그런 아이들이었지만, 막상 자기가 만든 김치 앞에서는 이야기가 조금 달라졌다. 밥상에 김치를 올려주면 "엄마, 이 김치는 누구 김치에요? 내 김치에요 할머니 김치에요?"라고 확인한다. 아니면 처음부터 자기 김치를 먹겠다고 먼저 이야기를 한다. 그래서 우리 집 식탁에는 각자 원하는 출처(?)의 김치를 놓고 먹는 적도 많았다. 그렇게 '할머니 김치는 역시 최고!'라는 말을 연신 해대던 아이도, 정작 자기가 만든 김치 앞에서는 공정성을 잃은 듯하다.

"할머니 김치가 맛있다며?"

"할머니 김치도 맛있는데, 내 김치가 내 입맛에 더 맞아."

괜히 머쓱했는지 아주 깜찍한 말을 하며 웃어넘기는 모습에 같이 웃고 말았던 기억이 있다. 지금도 가끔 자기 김치 다 먹었냐고 묻는데, 도대체 언제적 김치를 찾고 있는 건지 그저 웃음만 나왔다.

한 아이가 필자에게 "왜 김치는 빠지지 않고 맨날 나오는 거예요?"라고 질문을 한 적이 있다. 매일 식단에 다른 메뉴들이 골고루 나오는데, 배추김치나 깍두기 등 김치는 항상 나오니 이상했던 모양이다. 아마 김치보다 다른 맛있는 반찬이 매일 나왔으면 하는 마음으로 그런 이야기를 하지 않았을까 하는 생각도 들었다. 아이들에게 어떻게 설명해 주어야 할까? 우리 식탁에 김치가 항상 나오는 이유는 여러 문화적, 역사적, 영양학적 요인이 복잡하게 작용하고 있지만 아이들에게 자세히 설명하기는 쉽지 않다. 그래서 우리는 나름 영양학적으로 접근하여 한 문장으로 정리하곤 한다. '김치에는 유산균이 많고, 그래서 김치를 먹으면 몸이 튼튼해지기 때문에 먹어야 한다'고 말이다.

음식도 직접 해보아야 안다. 아이들이 자기가 만든 김치에 유독 애착을 보이고 더 맛있게 먹는 것도 직접 만들어 보았기 때문이다. 직접 해보면서 얼마나 많은 정성이 들어가는지 몸소 경험해 보았기에 더 맛있게 느껴질지 모른다. 음식을 쉽게 사 먹고 누군가가 해주는 것을 당연하게 먹다 보면 음식의 귀중함을 모른다. 김치가 싫었지만 직접 만들어 보면서 아이들도 그 속에 들어가는 정성의 크기를 자연스럽게 느낄 것이고, 그래서 아이들이 자기가 만든 김치에 애착을 보이고 더 맛있게 먹을지도 모른다. 마찬가지로 할머니 김치나 집에서 직접 만든 된장, 고추장, 간장 등도 이상하게 더 맛있는 것은 이와 같은 이유가 아닐까 싶다.

어깨너머로 음식을 배우며 살아가는 아이들

사람마다 자기가 가지고 있는 집밥의 이미지가 다르겠지만, 필자에게 집밥은 뭔가 소담스럽고 따뜻한 느낌이 들기도 하고 단촐하고 정갈하게 차려진 밥상이 떠오른다. 물론 엄마가 차려주셨던 집밥은 늘 상다리가 휘청거릴 정도로 푸짐했지만, 왜 이렇게 많이 차렸냐고 물으면 늘 그냥 집에서 먹는 음식으로 대충 차렸다며 무심한 척하며 말씀하셨다. 그래서 사실 집밥이 뭐 별거 있겠나 싶다. 구첩반상이 아니어도 밥과 김치, 김, 계란프라이 또는 밥과 찌개 하나만 있으면 그럴듯한 한 상이 된다. 밖에서 아무리 맛있는 음식을 매일 먹어도, 사 먹는 음식이 질릴 때쯤 가끔은 간편하게 집에서 차려 먹는 밥상이 생각난다. 그러다 보니 집에서 간단하게 한 끼를 챙겨 먹기 위해서라도 할 줄 아는 요리가 몇 가지는 있어야겠다는 생각이 들었다.

어른도 아이도 음식을 만들어 먹을 줄 알아야 한다. 살기 위해 먹어야 하고 먹기 위해서는 음식을 만들 줄 알아야 한다. 아이가 음식을 완벽하게 만들지는 못해도, 음식을 만드는 일에 일정의 역할을 하는 것은 중요한 일이다. 음식을 만든다는 것은 살아가기 위한 힘을 기르는 일이기도 하기에, 아이가 음식 만들기에 어떤 역할을 한다는 것에 대해 많은 지지와 격려를 해주어야 한다. 이는 아이가 자기 스스로 건설적인 삶을 살아가기 위한 힘을 기르는 것이기 때문이기도 하다.

이러한 이유가 아니더라도 영유아교육기관에서는 주기적으로 아이들과 다양한 요리를 한다. 음식 만드는 경험은 영유아교육과정에서 말하는 5개 영역의 발달을 고루 이루게 해준다. 아이들이 놀고 먹는 것 같이 보이지만 그 속에서 충분히 교육이 이루어지고 있다는 것이다. 요리는 전인 발달을 위한 교육의 방법으로도 중요하지만, 앞으로 살아가는 데 필요한 삶의 역량을 키우는 역할로 더 중요하지 않을까 싶다. 그래서 필자는 음식을 만들어 먹고자 하는 일도 일종의 생존본능이라 생각한다. 맛있는 음식과 건강한 음식을 먹기 위해서 말이다. 조금 더 맛있는 음식을 먹기 위해 재료와 방법을 연구하고, 건강한 음식을 먹기 위해 사 먹는 것보다 건강한 조리법을 찾아 직접 만드는 길을 택하는 것도 다 같은 맥락이 아닐까 싶다.

아이들의 생존본능을 채워주기 위해 영유아교육기관에서는 아이들과 함께 음식을 자주 만들어 먹어야 한다. 그것이 식육이다. 서툴더라도 아이들이 어깨너머로 음식 만들기를 배울 수 있는 분위기를 만들어 주어야 한다. 선생님이 음식을 만들고 있으면 냄새와 소리에 반응을 보이며 아이들은 자연스럽게 다가온다. "선생님, 뭐 만들고 있어요? 이 냄새는 ○○ 같은데?"와 같은 말을 하면서 한참 곁을 지킨다. 그리고 자기가 할 수 있는 일이 있는지 없는지 이리저리 살핀다. 손이 바쁠 때는 아주 유용한 일꾼이 된다. 재료를 건네주고, 냄비와 프라이팬에 있는 음식을 뒤적여 준다.

그런 경험들이 쌓이다 보니 집에서 엄마, 아빠가 요리를 할 때 "나도 하고 싶어요."하고 재빠르게 다가갈지 모른다. 사실 어떨 때는 혼자 빨리 요리활동을 정리하고 싶은 마음이 들 때도 있다. 하지만 그건 아이의 생존본능을 막는 것이다. 가급적 아이가 할 수 있는 일은 아이들이 할 수 있게 해주는 것이 좋다. 그렇게 만든 음식은 아이들에게 자신감과 행복을 준다.

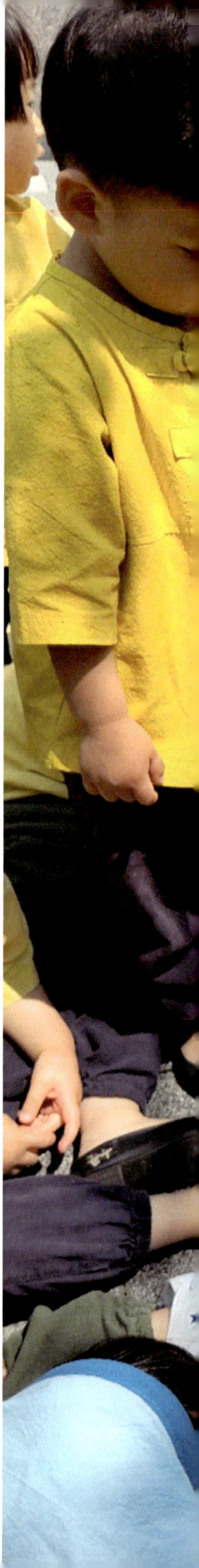

어릴 때 음식을 만들어 본 경험은 본인의 일상으로 이어진다. 어느 주말에 늦잠을 자고 일어났더니 밖에서 뭔가 달그락 쨍그랑 요란한 소리가 들렸다. 두 자매가 속닥이면서 무언가를 하고 있었다. 궁금하여 서둘러 몸을 일으켜 세워 주방으로 나가보았더니 식탁 위에 접시와 빵과 치즈, 과일 등 많은 재료가 놓여 있었고 나름대로 샌드위치를 만든다고 하였다. 난장판이 된 식탁이었지만 아이들 얼굴에는 웃음이 끊이질 않았다. 맛도 뭐 보통 이상은 되었기에 맛있다고 칭찬했더니 너무 좋아하였다. 또 어느 날은 떡볶이를 만들겠다고 냉동된 떡을 해동시키고, 갖가지 양념을 섞어서 그럴듯하게 만들어서 내밀기도 했다. 맛이 없지는 않은데, 그렇다고 엄청 맛있지도 않았는지 보완을 요청했다. 그리고 양 조절에 실패한지라, 떡볶이를 다 먹는다고 꽤 버거웠던 기억이 난다. 이렇게 아이들은 어릴 때는 어깨너머로 요리를 배우고, 차차 자라면서 배웠던 요리를 실천해 보면서 성장해 간다.

신나게 놀고 나서 먹는 밥은 꿀맛

우리 반은 밥이 한 통이나 더 늘었어!

필자가 교사였던 시절, 우리 반 아이들은 정말 밥 잘 먹는 반이자 잔반이 거의 남지 않는 반으로 조리사 선생님께 항상 칭찬받았던 적이 있다. 모든 아이가 완벽하게 밥과 반찬을 골고루 잘 먹었던 것은 아니었지만, 그래도 3월에 비하면 아이들이 점점 잘 먹는 것이 느껴질 정도였으니 말이다. 교사에게 밥 잘 먹는 아이들은 최고로 만족스러운 아이들이다. 하나라도 더 먹이고 싶은 엄마의 마음으로 이것저것 많이 주고 싶지만, 아이들의 마음은 그렇지 않다 보니 늘 점심시간은 2보 전진을 위한 1보 후퇴의 마음으로 필자와 아이들 간의 어떤 합의점이 필요했다. 그럼에도 원칙은 있었다. 일단 그날 나온 음식은 골고루 한 번씩 다 먹어보는 것과 미리 양을 조절해서 음식을 남기지 않고 먹는 것이다. 음식의 양은 아이가 직접 선택하도록 하여, 잔반 없는 반이 되는 것을 실천하였다.

밥 잘 먹는 반이 된 것은 정말 교사로서 뿌듯한 일이었다. 점심시간마다 밥통 가득 밥이 들어오는데, 언젠가부터 모자라서 조리실에 더 받으러 가는 일이 자꾸 생기는 것이었다. 밥도 반찬도 가져오는 횟수가 많아지니, 조리사 선생님께서는 아예 양을 조금 늘려서 넣어주셨다. 그리고는 "그 반 애들은 요즘 밥을 왜 이렇게 잘 먹어? 이뻐라. 요즘 밥이 옛날보다 한 통 더 들어가는 거 알지?"라고 하시는데 그저 웃음이 나올 뿐이었다. 우리 반 아이들이 잘 먹는다는 것을 생각하여 음식을 넉넉하게 챙겨주시는 조리사 선생님께도 감사했고, 잘 먹는 아이들에게도 고마웠다. 도대체 어떻게 된 일인지 곰곰이 생각해 보니, 아이들의 활동량이 급격히 많아지면서 밥 먹는 양도 자연스럽게 늘어난 것이었다.

온몸으로 신나게 밖에서 뛰어놀고 들어온 날이면 아이들은 밥을 정말 기가 막힐 정도로 잘 먹었다. 산책을 마치고 돌아오면서 배고프다고 하는 아이들도 있었다. 한창 뛰어노는 것을 좋아하는 아이들이었기에 활동량은 원래도 많았지만, 날씨가 점점 좋아지면서 이곳저곳 멀리까지 산책을 거의 매일 다니다 보니 웬만한 또래 아이들 그 이상으로 움직임이 많을 수밖에 없었다. 교사였던 필자도 오전에 산책하면서 한참을 걷고 놀다가 들어오면 배가 고파서 아이들보다도 밥을 더 많이 먹곤 했다. 지금 돌이켜 생각해 보면 정말 우리 반은 점심밥에 진심이었던 것 같다.

많이 뛰어놀고 골고루 잘 먹으면 몸과 마음도 저절로 자란다고 생각한다. 열심히 잘 놀고 밥도 잘 먹는 아이가 될 수 있도록 매일 하루하루 신나게 뛰어놀 수 있도록 하면 좋을 것 같다. 시장이 반찬이라고 했던가. 온 마음으로 신나게 놀고 꿀맛 같은 점심밥을 기대하는 것도 괜찮지 않을까 싶다. 밥이 늘어나는 만큼 아이들도 무럭무럭 자라 있을 것이다.

앗싸~! 오늘 국수 나온다!

오늘의 점심과 간식이 무엇인지 아침마다 식단표를 확인하는 일은 교사나 아이나 똑같나 보다. 출근하고 교실을 정비하면서 오늘 챙겨야 할 일들과 함께 항상 식단표를 확인했던 것 같다. 기억을 더듬어 보면 항상 어린이집에서 먹었던 점심과 간식은 맛있었지만, 그래도 가끔 기대되는 그날의 메뉴들이 있었다. 그만큼 맛있는 음식에 꽤 진심이었다는 생각을 해본다. 사실 어린이집과 유치원의 점심시간과 간식시간은 교사들에게는 마냥 평화로운 시간이 아니다. 그럼에도 맛있는 음식이 나오는 날이면, 아주 잠시나마 힐링할 수 있어서 괜찮았다. 정신없는 오전 시간을 보내고 나면 교사에게도 점심밥은 꿀맛이다. 아이들도 오늘의 메뉴가 궁금하기는 마찬가지였다. 교실에 들어오면서 조리실 앞에 크게 붙어있는 식단을 확인하거나, 교사에게 오늘 점심은 뭐 나오는지 간식은 뭐 나오는지 물어보기도 한다. 자기가 원하는 메뉴가 나오는 날이면 친구들에게 조잘대며 즐겁게 하루를 시작하곤 한다. 또 먹고 싶은 메뉴가 언제 나오는지 물어보기도 한다. 이렇게 음식만으로도 행복할 수 있다는 것이 신기하지만, 하루의 소소한 행복쯤으로 생각해 보려고 한다.

재미있는 이야기를 하나 하자면, 필자의 집에는 식단에 엄청 진심인 아이들이 있다. 이 아이들은 평소에 그렇게 밥을 잘 먹던 아이들은 아니었는데, 이상하게 원에서는 잘 먹었다고 했다. 특히 맛있는 음식을 먹고 온 날이면 꼭 집에서 이야기를 해주었다. 먹는 양도 많지 않고 골고루 먹이기도 참 까다로웠는데, 원에서 밥을 잘 먹었다는 소식을 선생님께 전해 들을 때면 항상 감사한 마음이었다. 제대로 된 이중생활을 하는 아이들이었다. 그런 아이들이 지금은 학교에 다니고 있는데, 아침 일과 중 하나가 식단표를 확인하는 것이다. 그날도 여느 때와 다르지 않게 아침에 아이들은 냉장고 옆에 붙어있던 식단표를 훑기 시작했다. 오늘 날짜와 요일을 확인하더니 한 녀석이 "앗싸~! 오늘 국수 나온다~!"라고 하며 방긋 웃었다. 그리고는 "두 그릇 먹어야지~!" 라며 신난다는 듯이 이야기하였다.

웃겼던 장면은 우리 아이들이 그달의 식단표를 받으면 하는 일이 있었다. 바로 한 달 전체 메뉴를 살피면서 맛있는 메뉴에 동그라미를 치는 것이었다. 처음 그 장면을 보았을 때 너무 웃겨서 우스갯소리로 "너희는 밥 먹으러 학교 다니냐?"라고 물었더니 "네!"라고 아이들은 보란 듯이 대답하며 웃었다. 그런데 아이들의 말에도 일리가 있었다. 학교에서 열심히 공부하고 운동하고 여러 가지를 하고 나면 배가 금방 고프고, 그래서 밥 먹는 시간이 그렇게 기다려진다는 것이었다. 심지어 식단표를 주 별로 잘라서 책처럼 만들어 필통에 넣어 다니기까지 하는데, 엄마의 마음으로는 공부를 그렇게 좀 하지 싶었다. 어쨌든, 이 아이들도 오전 내내 열심히 생활하고 나서 먹는 밥이 꿀맛인 것만은 분명했다. 밥맛을 돌게 하는 방법은 따로 없는 것 같다. 매일 즐겁고 바쁘게 생활하다 보면 아마도 가장 맛있는 밥을 먹을 수 있지 않을까 싶다.

오늘은 도시락 먹는 날!

유치원과 어린이집에서 매일 먹는 점심도 맛있지만, 그것보다 더 맛있는 밥이 있었으니 바로 도시락이다. 소풍 가는 날이면 이미 전날부터 무엇을 들고 갈지 설레었고, 아침이 되면 엄마가 김밥을 싸고 있는 바로 앞에 앉아서 하나씩 집어먹던 기억이 있다. 모두가 도시락으로 김밥을 들고 오는 것은 아니지만, 그래도 도시락이라 했을 때 김밥이 먼저 떠오르는 건 어린 시절의 기억 속에 늘 김밥이 가득 채워진 도시락이 있었기 때문인 것 같다. 아이들은 도시락을 챙겨 나가는 날을 유독 좋아했던 것 같다. 늘 산책을 다녔지만, 밖에서 밥을 먹고 한참 놀고 들어가는 긴 산책이나 현장견학 날을 특히 더 반겼다. 도시락을 먹는 날이면 아이들은 아침부터 자기가 들고 온 것들을 자랑하기에 바빴다. 교실이 아닌 곳에서 밥을 먹고 각자 챙겨온 간식까지 먹는다고 생각하니, 얼마나 신이 났을까 싶다.

4월, 한식날에 맞춰 긴 산책을 한 적이 있었다. 이날은 찬 음식을 먹는다는 풍습이 있어, 원에서도 불을 최소한으로 쓰고 간단하게 만들어 먹을 수 있는 충무김밥을 먹었다. 가정에서 빈 도시락을 각자 챙겨 오도록 하여, 아침에 만든 충무김밥을 도시락에 담아 산책을 나섰다. 어린 반 아이들은 조리실에서 충무김밥을 만들어 담아주셨고, 큰 반 아이들은 자기가 먹을 충무김밥을 함께 만들어 도시락에 담아보기도 했다. 이렇게 점심으로 먹을 도시락을 각자 챙겨서 기분 좋은 긴 산책을 나섰다. "♬엄마가 싸주신 도시락 가방을 메고~ 친구들과 함께 소풍갑니다~"라는 노래를 부르며 각반마다 원하는 산책지를 정해 떠났고, 신나게 놀고 먹고 또 신나게 놀 수 있었다.

이런 날이 아니더라도 가끔은 날씨가 너무 좋아 일찍 산책을 나서고 싶을 때, 오전에 나오는 과일 간식을 큰 통에 가득 담은 뒤 빠르게 밖으로 나갔다. 조금이라도 더 놀기 위해서 소풍 가는 기분으로 간식과 돗자리를 챙겨 나가면, 아이들의 표정은 어찌나 밝아지는지 모른다. 도착한 장소에서 먹고 싶은 만큼 과일을 나눠 먹은 뒤에는 바로 흩어져서 자유롭게 놀 수 있다. 같은 과일도 밖에서 먹으니 더 꿀맛이었다. 많이 놀 수 있어서 아이들도 좋고 교사도 좋고, 무엇보

다 색다른 기분에 재미있어서 좋았던 기억이 난다.

또 모두가 밖에서 큰 양푼이에 밥과 나물을 넣어 비벼 먹기도 했다. 이것 저것 재료를 넣어 무심한 듯 비벼 나눠 먹으면 그 맛도 정말 일품이다. 그래도 제일 맛있는 도시락은 바로 엄마, 아빠가 집에서 직접 만들어 주신 도시락이 아닌가 싶다. 차를 타고 현장 견학을 가는 날이면, 아이들은 아침에는 도시락 자랑하느라 바쁘고 차에서는 이야기하느라 바쁘고, 도착하면 노느라 바쁘다. 힘껏 놀고 나면 또 밥이 얼마나 맛있는지, 가져온 도시락을 금방 비운다. 간식 먹는 속도까지 엄청난데, 평소에 밥을 잘 먹지 않는 아이들도 소풍날 먹는 도시락은 맛이 있나 보다. 부모님의 사랑이 가득 담긴 도시락의 힘은 그야말로 강력했다. 다 먹은 아이들은 다시 신나게 놀 에너지를 충전하고, 마음껏 뛰어놀다가 돌아오곤 했다. 이렇게 가끔 도시락 먹는 날은 아이들에게 정말 설레고 귀한 날이 아닐까 싶다.

아이들이 맛있게 먹는 모습을 보면서 엄마가 싸주는 도시락을 누구보다도 기다리는 우리 집 아이들의 모습도 떠올랐다. 엄마 입장이 되어보니 도시락 준비하는 게 그리 쉽지만은 않았지만, 아이들은 엄마가 싸주는 도시락을 들고 현장견학 가는 날만 손꼽아 기다리고 있었다. 학교나 유치원에서 밥을 준다고 하면 그렇게 실망하다가도, 각자 도시락을 챙겨가야 한다고 하면 환호성을 지르는 아이들이었다. 그런 날에는 어떤 도시락을 챙겨갈지, 무슨 음식을 넣어갈지 생각하느라 바쁘고 넣어가고 싶은 음식 메뉴도 줄줄 읊어댄다. 나도 어렸을 때 저랬을까 하는 생각을 잠시 해보면서 묵묵히 엄마의 소임을 다 하고 나면, 아이들은 또 한번 엄마 최고를 외쳐댄다. 그런 맛에 음식을 하나 보다.

이 달콤한 사과는 어디에서 오는 걸까

건강한 상추와 달팽이

상추에서 살아있는 달팽이를 만날 확률이 과연 얼마나 될지 모르겠지만, 필자는 달팽이와의 인연이 조금은 있는 것 같다. 하루는 점심 밥상에 등장한 달팽이 한 마리로 온 교실이 떠들썩했다. 점심으로 상추와 고기가 나왔던 날이었는데, 켜켜이 담겨 있던 상추들 사이에서 아주 작은 달팽이 한 마리가 숨어 있던 것이다. 아이들은 일제히 난리가 났다. 너무 작아서 행여나 껍질이 부서질세라 조심히 만지는 모습이 재미있었다. 얼른 밥을 먹어야 하는데 점심밥은 뒷전이고 아이들의 관심은 오직 깜짝 등장한 달팽이 한 마리였다. 달팽이를 본 적이 있느니 달팽이를 키워본 적이 있느니 달팽이가 상추를 좋아하느니, 저마다의 달팽이 에피소드를 늘어놓느라 바빴다.

살아있는 생명체의 갑작스러운 등장은 또 다른 숙제를 안겨주었다. 달팽이를 보내줄 것인지, 아니면 교실에서 키울 것인지 하는 선택의 기로에 놓이게 된 것이다. 달팽이를 키우고 싶은 아이들도 있고, 생명이니 보내주어야 한다는 아이들도 있었다. 그래서 두 의견을 절충하여 오늘만 데리고 있다가 자연으로 보내주는 것이었다. 징그럽다며 다가오지 못하는 아이들도 있었지만, 달팽이 곁을 떠나지 못하는 아이들도 있었다. 달팽이가 잠시 지낼 거처를 마련하고, 달팽이가 좋아할 만한 채소도 조리실에 가서 구하고 물도 뿌려주며 살뜰히 챙겨주었다.

교실은 이렇게 재미있었지만, 깜짝 놀란 한 분이 계셨으니 바로 조리사 선생님이었다. 상추에 달팽이가 나왔다는 이야기를 웃으면서 건넸지만, 필자의 의도와는 달리 선생님은 깜짝 놀라서 어쩔 줄을 모르셨다. 분명 깨끗하게 씻어서 나갔는데, 어떻게 달팽이가 있을 수 있냐고 말이다. 전혀 그런 의도로 말씀드린 게 아니었다. 약을 치지 않은 건강한 상추임을 달팽이가 증명해 준 것이라 좋았는데, 선생님은 전혀 그렇지 않으셨던 모양이다. 너무 재미있는 상황이라 말씀드린 거였지만, 적잖이 당황하셔서 괜히 죄송했다.

보통 일반 마트에서 상추를 살 때는 달팽이를 발견할 일이 거의 없었는데, 유기농 매장에서 상추를 가져오다 보면 가끔 이런 경우가 있는 것 같다. 예전에 집에서 먹을 상추를 유기농 매장에서 구매한 적이 있었는데, 상추를 먹은 당일이 아닌 그다음 날 주방 싱크대에서 달팽이가 발견되어 깜짝 놀랐던 적이 있었다. 너무 작기도 하고 싱크대의 가장 보이지 않는 구석 어딘가에 있어서 하마터면 물로 쓸어내릴 뻔했다. 아마도 내가 상추를 씻는 동안에 나와서는 붙어있었던 것 같다. 우리에게 상추는 소중한 먹을거리지만, 괜히 달팽이 먹이를 뺏은 것 같은 생각도 들어 조금 미안한 마음이 들기도 했다. 또 한편으로는 정말 농약을 치지 않은 건강한 식재료라는 것이 증명되어 좋았다. 처음에는 달팽이가 어디에서 등장한 것인지 너무 궁금했는데, 곰곰이 생각해 보니 포기상추 말고는 달리 설명할 길이 없었다. 어쨌든 "달팽이야, 니가 먹던 상추를 우리가 먹어서 미안해."라는 말과 함께 아이들과 재미난 시간을 보냈던 기억이 난다.

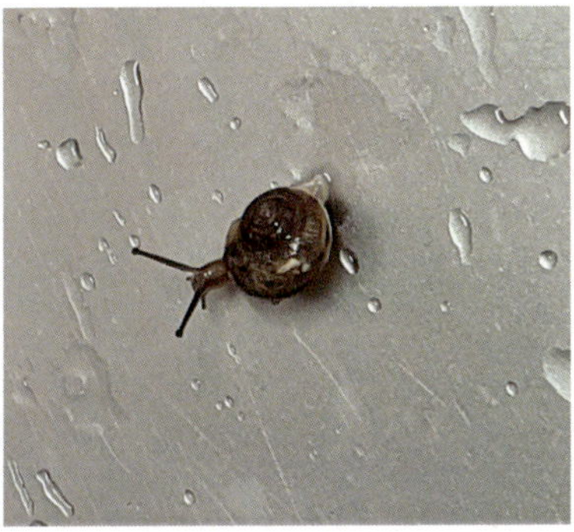

이건 그냥 사과가 아니야, 이건 그냥 귤이 아니야

요즘에는 워낙 마트나 편의점 등에 다양한 먹을거리가 많고 쉽게 사 먹을 수 있어서인지는 모르겠지만, 가끔은 사람들이 음식에 대한 감사한 마음이 조금 부족하다는 생각이 든다. 뷔페와 같은 식당에만 가도 음식을 먹을 만큼만 가져오기보다는, 먹고 싶은 만큼 담아오니 먹다가 남기고 버리는 경우가 많다. 아마 먹을거리가 만들어지는 과정을 알고 나면 쉽게 음식을 남기거나 버리지는 못할 텐데 하는 아쉬움도 들었다. 우리가 먹을거리를 직접 키워보고, 음식도 직접 만들어 보아야 그 정성 가득한 과정을 알고 소중하게 생각하지 않을까 싶다.

그래서 필자는 아이들이 음식을 골고루 먹는 것도 중요하지만, 어린 시기부터 음식을 남기지 않고 먹는 습관을 통해 먹을거리의 소중함을 배워가는 것이 중요하다는 생각이 들었다. 이를 위해 아이들과 점심시간에 음식을 남기지 않고 다 먹기 위한 실천을 해 나갔다. 모든 아이가 매일 남기지 않고 다 먹기는 쉬운 일이 아니었지만, 실천율을 점차 높이는 것이 목표였다. 아이들과 우선은 자기가 먹을 음식의 양을 조절하는 것부터 시작하였다. 처음에 아이들에게 음식을 주면서, 혹여나 다 못 먹을 것 같으면 먹기 전 미리 덜어놓고 먹도록 하는 것이다. 양이 부족하면 더 먹으면 되니 자신이 다 먹을 수 있는 만큼만 그릇에 담을 수 있도록 하였다. 이렇게 하니 우리 반은 먹다가 남기는 음식의 양이 점점 줄어들어서, 남기는 음식이 거의 없다는 조리사 선생님의 칭찬도 들을 수 있었다. 또한 자기가 먹을 수 있는 양이 어느 정도일지 스스로 예측해 보고 판단하여 조절하는 습관도 기를 수 있어서 좋았다. 이를 통해 자신의 결정에 대한 책임감도 길러볼 수 있었고, 궁극적으로는 먹을거리에 대한 소중함을 느끼며 나아가 환경을 지키는 것까지 의미 있는 교육적 실천 경험이 되었다.

'발우공양'이라는 말을 들어본 적이 있을 것이다. 이는 불교에서 쓰는 용어로 밥그릇을 발우라고 하는데, 쌀 한 톨, 밥 한 알도 함부로 버리지 않고 아끼고 절약하는 것을 말한다. 스님들은 발우에 음식을 담아서 드신 뒤 물을 넣어 깨끗이 씻어서 그 물까지 마신다. 이는 먹을거리의 소중함을 모르고 음식을 낭비하며 환경을 오염시키는 사람들에게 꼭 필요한 정신이라 생각하며, 음식을 깨끗하게 먹고 나면 그릇을 씻는 물도 깨끗하기에 환경오염까지도 막을 수 있다는 좋은 점이 있다. 먹을거리 하나에는 농부와 어부 등 생산자들의 땀이 담겨 있고 먹을거리를 운반해 주시는 분들의 노력과 음식을 만들어 주시는 분들의 정성이 깃들어 있다. 그렇기에 늘 먹을거리에 대한 감사한 마음을 가지고 깨끗하게, 남김없이 먹도록 하는 것이다. 영유아교육기관에서는 '빈 그릇 운동'과 같은 이름으로 실천해 볼 수 있다. 이는 다른 사람에게도 분명 이익이 되는 일이기에, 생명과 환경에 대한 감사한 마음과 더불어 살아가는 삶에 대해 조금이나마 배워갈 수 있다는 점에서 식육의 좋은 예가 된다.

필자가 근무했던 원에서는 오전 간식으로 사과와 같은 제철 과일이 많이 나왔다. 유기농, 무농약 과일이라 조금 못생긴 과일들이 들어오기도 한다. 마트에서 항상 깨끗하고 예쁜 사과만 보던 아이들에게 간식으로 나오는 사과는 이상해 보일 수도 있겠다는 생각이 들었다. 그래서 늘 아이들에게 "이건 그냥 사과가 아니야. 약을 치지 않아서 벌레도 좋아하고 못생기게 자라기도 하는 거야."라고 항상 이야기했던 기억이 난다. 그리고 덧붙여서 "사과가 되기까지 얼마나 많은 정성이 들어가는지 알아?"라고 되묻곤 하였다. 별거 아닌 것 같은 말일 수도 있지만, 사실은 중요한 의미가 담겨 있는 말이다.

사과 한 개를 키워내기 위해서는 온 우주의 힘이 들어간다. 땅의 힘이 있어야 하고 하늘의 힘이 있어야 한다. 좋은 흙에서 뿌리를 내리고, 햇빛과 바람, 비 등 자연의 모든 조화로움이 있어야 사과가 잘 자랄 수 있다. 그리고 농사를 지으시는 농부의 수고로움과 땀의 노력이 있어야만 가능하다. 또 농사를 잘 지었다고 해서 끝나는 것도 아니다. 우리가 먹을 수 있도록 산지에서 판매지로, 판매지에서 우리에게 오는 과정이 있어 많은 사람의 노력과 정성이 들어간다. 그렇기에 사과 한 개는 그냥 한 개가 아니다. 조금 과장하자면,

우리가 사과를 먹다가 남기게 되면 사과 한 개를 버리는 것이 아니라 사과가 만들어지기까지 들어갔던 모든 정성이 버려지는 것이다. 이를 생각하며 먹을거리에 더 각별한 마음을 가지는 것이 필요하지 않을까 싶다.

예전에 원내 텃밭에서 귤 모종을 심어서 키웠던 적이 있다. 귤 모종을 텃밭에 심는다는 것부터 재미있었는데, 과연 귤이 여기에서 잘 자랄 것인가 하는 의문과 기대를 안고 키워보았다. 매일 바깥놀이터에 나가면 물 주고 잘 자라라고 이야기하면서 귤이 주렁주렁 열릴 날만 기다렸다. 여름이 되니 알밤 크기의 초록색 청귤이 방울방울 맺혔는데 만져보면 귤의 새콤달콤한 향이 나서 "진짜 귤이다~!"를 외치며 어찌나 신기해 했는지 모른다. 문제는 열매에 호기심이 가득했던 동생반 아기들이 볼 때마다 한 알씩 따버렸다는 것이다. 그래서 남은 열매라도 지키기 위해 고군분투했던 기억이 난다. 또 한 번의 고비는 태풍이 와서 귤나무가 휘어져 버린 것이다. 아이들과 논의 끝에 지지대를 세워 꽁꽁 묶어주었고, 그러한 정성 끝에 어른 주먹 크기의 귤 7개를 수확할 수 있었다.

사실 시장이나 마트에 가면 귤 한 박스는 그냥 살 수 있는데, 9개의 귤을 위해 봄, 여름, 가을 동안 쏟았던 정성을 생각하면 한 알 먹기도 아까웠다. 애석하게도 20명이 훌쩍 넘는 우리 반 아이들에게 귤이 한 개씩 돌아가지는 않아서 한 알 한 알 나눠 먹었던 기억이 난다. 그러면서 "이건 그냥 귤이 아니야."라고 당당하게 말했다. 아이들과 콩 한 쪽도 나눠 먹는다는 마음으로 귤 몇 개를 두고 나름의 동지애와 전우애를 발휘했던 것 같다. 심지어 파는 귤보다 더 달콤했다. 지금도 그때 먹었던 귤 맛을 생각하면 입안에 침이 고이며 행복해진다.

♬ 해님 땅님 농부 아저씨, 생명의 밥상을 차려주시고~

혹시 생태유아교육기관 아이들이 부르는 식사 기도 노래를 들어본 적이 있는지 모르겠다. 아마도 거의 모든 영유아교육기관에서는 아이들과 간식, 점심을 먹기 전 항상 감사하는 마음을 담아 식사 기도 노래를 부르거나 감사 인사를 나눈다. 그런데 생태유아교육기관 아이들이 부르는 식사 기도 노래는 그냥 감사하다거나 잘 먹겠다고 이야기하지 않는다. '해님 땅님 농부 아저씨, 생명의 밥상을 차려주시고'라는 독특한 노랫말로 시작하는데, 이는 음식을 주신 분에 대한 감사한 마음을 넘어서 먹을거리가 어디에서 왔는지 누가 만들었는지 어떤 관계로 이어져 있는지 등 생명에 대한 근원적인 감사함에서부터 출발하는 것이다.

작물 하나를 키우기 위해서는 햇빛과 좋은 흙이 필요하다. 좀 더

넓은 범위에서 보면 하늘과 땅의 모든 기운과 자연의 힘이 필요하다. 햇빛을 받으며 땅에 뿌리를 내리고 자라는 작물들, 빗물과 바람 등 모든 자연이 함께 길러낸 자연의 산물들은 그 자체로 생명의 기운이 가득 담겨 있다. 그리고 생명을 일구며 농사를 지어주시는 수많은 생산자의 부지런한 정성이 필요하다. 이렇게 작물이 길러지기 때문에 거기에는 생명의 기운이 가득 들어 있고, 아이들의 밥상은 생명의 기운이 담긴 먹을거리로 만들어지게 된다. 또한 아이들을 생각하며 국을 끓이고 밥을 짓는 조리사 선생님의 손맛과 정성이 음식에 가득 담기므로, 아이들의 밥상은 생명의 밥상이 된다. 그래서 항상 음식을 먹을 때면 생명의 밥상을 차려주신 조리사 선생님뿐만 아니라 생명의 먹을거리를 먹게끔 도와주신 자연과 농부 아저씨께 감사한 마음을 표현하는 것이다.

아이들과 이 식사 기도 노래를 부르면서 우리는 맛있는 음식, 생명의 밥상을 먹기까지의 생산자와 조리자의 관계, 자연과 사람의 관계를 생각해 볼 수 있다. 혼자 음식을 먹는 것이 아니라, 자연과 많은 이들의 마음을 함께 나누는 것이다. 자연의 손길과 흘린 땀의 무게와 정성껏 음식을 만들어 낸 사랑이 모두 모여 우리의 밥상이 완성되는 것임을 알아야 한다. 그래서 항상 감사와 존중의 마음으로 자연과 사람의 관계를 되새기면서, 식사 기도 노래를 부르며 행복한 식사 시간이 되길 바란다.

점심 먹을 때 다 같이 불러봅시다.

잘 먹겠습니다

부산대 어린이집 아이들 시·윤혜선 곡

출처: 「노래하는 아이들, 노래하는 선생님」(김은주, 안세정 외, 2015, 양서원)

두울

식육, 계절과 절기가 담겨 있다

우리나라는 사계절의 변화가 뚜렷하다. 봄 여름 가을 겨울 사계절의 변화는 단순히 날씨의 변화를 의미하는 것이 아니라 우리를 둘러싼 자연의 변화와 인간의 삶에 지대한 영향을 끼친다. 특히 계절별로 변화하는 식재료를 통해 계절의 흐름을 느끼고 각 계절에 적합한 삶의 지혜를 얻을 수 있다.

또한 과거 우리 조상들은 봄 여름 가을 겨울 4계절의 변화를 24절기로 나누어 자연과 조화를 이루며 살기 위해 노력하였다. 농경사회였던 우리 조상들에게 절기는 땅과 물, 하늘과 바람의 일 년 변화가 고스란히 담긴 농부의 달력이었다. 절기의 흐름에 맞춰 씨를 뿌리고 수확하며 김을 매는 것뿐만 아니라, 제철에 나는 식재료를 통해 자연의 변화를 느끼고 건강을 챙기며 가족 및 친지들과 함께 삶의 소중한 의미를 되새겨 보았다.

이렇듯 계절과 절기에 따른 식육을 통해 우리는 무성한 자연의 변화 속에서도 자연과 조화롭게 살아가는 지혜를 얻을 수 있다. 더 나아가 식육은 사랑하는 가족, 친지들과 더불어 살아가는 공동체 구성원으로서 삶을 공유하는 데도 많은 역할을 하고 있다.

봄의 향기와 생명력을 느끼고

따뜻한 봄의 햇살이 내리쬐기 시작하면 겨우내 잠들어 있던 만물이 깨어나며 다시 생명력을 되찾는다. 땅은 초록의 새싹을 키우기 시작하고 꽃은 피어난다. 또한 나무들은 순을 틔우고, 동물들은 번식을 위해 활발하게 움직인다. 이처럼 봄은 새로운 시작을 상징한다.

봄, 봄, 봄, 봄, 봄이 왔어요: '쑥버무리'

봄이 오면 꽁꽁 얼었던 대지가 녹기 시작하고 겨우내 숨어있던 생명이 싹트기 시작한다. 땅속에서 겨우내 웅크리고 있던 생명을 힘차게 틔워내는 존재 중 하나로 봄의 기운을 가장 먼저 전하는 '쑥'이 있다. 쑥은 봄을 대표하는 산물로, 얼어있던 땅을 뚫고 나올 만큼 강한 생명력을 지니고 있다. 쑥의 향긋한 향과 따뜻한 기운은 계절의 변화를 느낄 수 있는 건강한 먹을거리이자 훌륭한 약재로도 여겨지기에, 예로부터 건강한 삶을 위한 지혜로운 재료로 곳곳에 쓰임을 해왔다.

들로 산으로 봄을 느껴요, 쑥 캐기

"선생님, 이거 쑥 맞아요?"라며 자신이 발견한 식물의 이름을 물어보는 지운이에게 "그래, 쑥이야."라고 교사가 이야기 해주니, 지운이는 "얘들아, 나 쑥 찾았다."라며 들뜬 목소리로 주변의 친구들에게 알렸다. 쑥을 캔 지운이를 본 아이들은 들판 여기저기로 흩어져서 쑥을 찾아보려고 서둘렀다.

"나도 쑥 찾았다."

"나도 찾은 것 같아."

"얘들아, 여기에 엄청 많아."

"나는 저기 위에 있는 쑥을 찾아볼게."

여기저기서 쑥을 찾은 아이들의 반가운 목소리가 들렸다. 교사는 "쑥을 찾았으니 같이 캐볼까?"하며 쑥 밑동을 잡아 캐는 시범을 보였고, 아이들도 조심스레 쑥을 캐 보았다. "쑥이 다 부서져 버려요."라며 밑동이 아닌 잎을 자른 6살 서현이가 속상해하자 7살 보미가 "괜찮아, 다시 캐 보면 잘될 거야."라며 위로를 건넸다.

한참 쑥 캐는 활동에 집중하던 아이들에게 교사가 "이제 우리가 캔 쑥을 모아볼까?"라고 이야기하자, 아이들은 정성스레 캔 쑥을 바구니에 모아 주었다. "난 조금밖에 못 캤는데..."라며 곤란한 표정을 짓는 6살 소미에게 "괜찮아, 같이 모아서 많아졌으니까."라며 7살 겸이가 위로해 주고 다독여 주었다. "그래, 맞아. 이렇게 모으니까 많아졌

네."라는 교사의 말에 아이들의 얼굴에는 기쁨의 미소가 번졌다.

"쑥에서 냄새가 나네."라며 자신이 캔 쑥 냄새를 맡아보는 서현이에게 아린이는 "무슨 냄새가 나?"라며 쑥 냄새에 대해 궁금하다는 듯이 물었다. 서현이는 "풀냄새가 나는 거 같아."라며 자신이 맡은 쑥 냄새에 대해 말했다. 그러자 아린이도 쑥 냄새를 맡으며 "향긋한 냄새가 나서 좋아."라고 하였다. 서현이와 아린이의 대화를 들은 다른 아이들도 쑥 냄새를 맡은 후 "무슨 냄새인지는 잘 모르겠는데, 이 냄새가 쑥 냄새인 것 같은데.", "건강한 냄새가 나는 것 같아.", "이게 봄 냄새인가?" 등 자신들이 맡은 쑥 냄새에 대해 자유롭게 이야기 꽃을 피웠다. 그리고 한참 동안 쑥을 캔 아이들은 힘이 들었는지, 잠시 휴식하기로 했다.

"좀 힘들어. 우리 잠시 쉬자."

"쑥 캐기 전에는 조금 추웠는데 지금은 따뜻하다."

"이제 봄이 와서 따뜻해지는 것 같아."

"난 더워."

"쑥을 열심히 캐서 조금 더운 것 같아."

"그래도 이렇게 앉아 있으며 바람이 불어와서 조금 시원해지는 것 같아."

이렇게 아이들은 쑥을 캐며 따스한 봄 햇살과 살랑살랑 불어오는 봄바람을 느끼며, 제각각 자신이 만나는 봄을 누리고 있었다. 그리고 아이들의 고사리 같은 손으로 캔 쑥으로 재밌게 놀고 맛있는 음식을 만들어 먹으며, 또 다른 방식으로 봄을 느껴보기로 했다.

● 재미있는 오감놀이, 쑥으로 놀아요~

쑥버무리 재료를 발견한 아이들은 쑥에 관심을 보였다. "그래, 이게 쑥이란다."라며 교사가 쑥을 알려주니 아이들이 쑥을 잡아 만져보고 찬찬히 살펴보았다. 이어 쑥을 들어 올려 공중으로 던져 보기도 하고 주변에 있는 친구에게 건네 보기도 하였다. 냄새를 맡아보는 아이가 있어 "쑥 냄새를 맡고 싶구나. 무슨 냄새가 나?"라고 묻자, 자신만의 방법으로 쑥 냄새를 표현해 보았다. 또 쑥을 입으로 가져가 보는 아이들도 있어 "먹어 보니 맛이 어때?"라고 물으니 눈빛, 웃음, 제스처 등으로 자유롭게 표현해 보았다.

교사는 "쑥에 쌀가루를 뿌려본 뒤에 쪄 볼 거야." 라고 말하며 쌀가루를 보여주자 아이들은 쌀가루가 담긴 통에 덥석 손을 넣어보았다. 이내 쌀가루를 손으로 잡아 보기도 하고 빈 그릇에 담아 보기도 하였다. 또 위에서 아래로 흘려보기도 하고 쌀가루를 잡아 친구에게 건네 보는 아이도 있었다. 한참을 쑥과 쌀가루, 그릇 등으로 자유롭게 놀이하던 아이들은 교사와 함께 본격적으로 쑥버무리를 만들어 보았다.

이렇게 만들어요
쑥버무리

준비하기 쑥, 쌀가루(찹쌀가루, 밀가루 등), 소금 또는 설탕, 찜기 등

만들기
1. 쑥을 깨끗하게 씻은 후 물기를 뺀다.
2. 쑥과 쌀가루를 골고루 버무린다.
3. 기호에 따라 소금 또는 설탕을 넣는다.
4. 버무려 놓은 쑥을 면보가 깔린 찜기에 넣어 중불에 쪄낸다.

TIP 쑥에 물기가 적당히 남아 있어야 쌀가루와 잘 버무려진다.

자신들이 만든 쑥버무리가 완성된 모습을 본 아이들은 "우와, 우리가 만든 쑥버무리가 완성됐다~"라며 기뻐하였다. 아이들이 좋아하는 모습을 본 교사는 "그럼, 우리 함께 먹어볼까?"라고 하며 완성된 쑥버무리를 먹어 보자고 하였다. 그러자 기뻐하던 아이들이 갑자기 먹기를 주저하는 것이었다.

"난 안 먹고 싶어요. 맛없어 보여요."

"냄새도 좀 안 좋아요."

"쑥 색깔은 내가 안 좋아하는 색깔이에요."

당황스러움도 잠시, 교사는 아이들에게 "그래? 맛있는데, 한번 먹어보면 쑥버무리가 정말 맛있다는 것을 알게 될 거야. 그리고 우리 조상님들은 봄에 나는 쑥을 약이라고 했대. 쑥에는 섬유질과 비타민C 등 우리 몸에 좋은 영양소가 엄청 많이 들어 있어. 그래서 쑥은 우리가 건강하게 잘 자라날 수 있도록 도움을 주는 아주 좋은 식재료란다."라고 차분하게 이야기하였다. 쑥의 효능과 쑥버무리 맛을 알린 뒤 교사는 아이들에게 다시 한번 완성된 쑥버무리를 먹어보자고 하였다. 교사의 마법이 통했던 것일까. 아이들의 반응은 아까와는 달랐다.

"음... 생각보다 맛있다."

"더 주세요."

"나도 더 먹을래요."

"쑥버무리를 많이 먹어서 그런지 더 건강해진 것 같아요."

처음에는 쑥의 색깔과 냄새, 모양이 모두 낯설고 어색했던 아이들. 그래서 완성했던 기쁨도 잠시 쑥버무리 먹는 것을 주저했지만, 점점 쑥의 맛과 향에 감동한 듯 너도나도 더 먹으려고 하였다. 쑥버무리로 배우고 느끼게 된 계절과 절기의 맛, 이 아이들에게 낯섦이 익숙함이 되고 봄의 맛으로 평생 기억되길 바라본다.

봄을 맛보세요: '화전'

● 계절, 시간, 기억의 순환

"얘들아, 여기 봐 꽃이 피었어."라고 숲길에 핀 꽃을 본 보미가 친구들을 불러 모으며 자신이 발견한 꽃을 함께 감상하였다. "지난번에 왔을 때는 꽃이 안 보이더니 오늘은 여기저기 핀 꽃들이 있네."라고 말하는 윤후에게 지한이는 "추운 겨울 동안 잠자고 있던 꽃들이 따뜻한 봄이 오니 이제 피려나 봐."라며 미소를 지었다. 겸이가 "꽃이 피면 이제 나비도 날아다닐 거야. 꽃향기가 좋아서 꽃향기도 맡으려고 할 거고 꽃에 있는 꿀도 먹으려고 할 거야."라고 말하자 서현이는 "그럼 꿀벌도 꿀을 먹으려고 여기로 오겠네. 꿀벌도 꿀을 좋아하잖아."라며 덩달아 미소 지어 보였다.

지난주에 갔던 숲길을 다시 오르는 아이들은 너나 할 것 없이 "선생님, 여기 보세요. 지난번보다 꽃들이 더 많이, 활짝 피었어요."라고 말하며, 자신들이 발견한 꽃들을 보고 반가워하였다. 교사는 "그렇네. 지난주에는 핀 꽃들도 있었지만, 꽃봉오리가 더 많았는데 오늘은 지난주보다 활짝 핀 꽃들이 더 많아졌다. 그치?"라며 아이들의 반가움에 화답해 주었다. 아이들은 꽃 주변을 날아다니는 나비도 반가워서 앞다투어 이야기하기 바쁜 모습이었다. 교사는 아이들과 함께 꽃과 나비를 감상하면서 아이들의 모습을 사진으로 담아 보기도 하였다.

"우리가 말했던 것처럼 나비도 날아다닌 것 같아."

"나 아까 노랑나비 봤어."

"어, 나는 하얀 나비 봤는데..."

"꽃에 있는 꿀 먹으러 왔나 봐."

"그런데 우리 6살 때에 꽃으로 화전 만들어 먹었잖아요!"

"그래 맞다. 커다란 프라이팬에 요렇게 동그랗게 만든

반죽 위에 꽃 올려서 구워 먹었다."

꽃과 나비의 아름다움을 만끽하던 순간도 잠시, 겸이는 꽃으로 화전을 만들어 먹었던 기억을 떠올리며 갑자기 큰 소리로 이야기하였다. 그러자 보미도 겸이의 말에 기억을 보태며 눈을 반짝였다. "어머, 너희들 기억하고 있구나. 우리 작년에 먹을 수 있는 꽃으로 떡을 기름에 지져 만들어 먹었는데 그게 화전이지. 맛도 기억나?"라고 묻는 교사의 물음에 "엄청 맛있었어요."라고 대답하며 크게 웃는 아이들이었다.

"우리 6살 때에 화전 만들어 봤는데 혹시 그날이 무슨 날인지 기억이 나니?"라고 교사가 묻자, "삼월삼짇날이요."라며 3번째 삼월삼짇날을 맞이하는 겸이가 큰 소리로 대답하였다. 교사는 "그래, 우리가 화전을 만들어 먹었던 날은 삼월삼짇날이라고 해. 삼월삼짇날은 추운 겨울이 가고 날씨가 따뜻해지면서 겨울잠을 잤던 동물들도 깨어나고 여러 가지 꽃들도 피어나면서 봄이 오는 날이야. 우리 조상님들은 삼월삼짇날에 사람들과 화전을 만들어 먹으면서 따뜻한 봄이 온 것을 기뻐하고 서로서로 축하해 주었대."라며 조금 길지만 삼월삼짇날에 대해 아이들에게 자세하게 설명해 주었다. 그러자 아이들은 "그럼 우리도 봄이 왔으니까 화전 만들어 먹으면서 서로를 축하해 주면 되겠네요."라고 하였다. 아이들의 말에 교사는 "좋은 생각이야, 우리도 삼월삼짇날에 먹을 수 있는 꽃으로 화전을 만들어 먹어 보자꾸나."라며 삼월삼짇날에 다 함께 화전을 만들어 먹기로 약속하였다.

삼월삼짇날, 자연도 우리도 자라나요

"오늘 삼월삼짇날인데 우리 화전 만들어 먹기로 했잖아요."

삼월삼짇날이 되자 화전을 만들어 먹자고 했던 약속을 기억한 보미의 말과 함께 화전 만들기 준비를 시작하였다. 지한이는 "삼월삼짇날은 겨울잠을 잔 동물들도 깨어나고 싹이 나고 꽃이 피는 봄이 오는 날인데, 우리 조상님들은 사람들과 화전을 만들어 먹으면서 따뜻한 봄이 온 것을 기뻐하고 서로서로 축하해 주었다고 했어요."라며 삼월삼짇날에 대해 자세하게 이야기해 주었다. 교사는 "맞아. 삼월삼짇날과 화전을 기억하고 있는 친구들이 있구나. 그럼 우리 화전은 어떻게 만들었는지 기억이 나?"라며 다시 묻자 "하얀 가루에 물을 넣어 반죽했었어요."라고 윤재가 대답하였다. 윤후도 "그 가루가 찹쌀이었잖아."라며 화전을 만든 경험을 생각해 냈다.

"반죽을 떼어 동그랗게 만든 다음 그 위에 꽃을 얹어 프라이팬에 구웠어요."

"커다란 프라이팬에 기름을 넣어 그 위에 구웠어요."

이렇게 만들어요
화전

준비하기 식용꽃, 찹쌀가루, 물, 식용유, 프라이팬 등

만들기
1. 식용꽃을 세척한 후 물기를 제거하여 준비한다.
2. 찹쌀가루에 적당량의 물을 넣어 반죽한다.
3. 반죽을 동그란 모양으로 납작하게 만든다.
4. 동그랗고 납작한 반죽을 프라이팬에서 앞뒤로 굽는다.
5. 앞뒤로 구운 반죽 위에 꽃을 올려준다.

TIP 식용을 목적으로 안전하게 재배된 꽃만 섭취한다.

아이들은 각자가 기억하는 화전 만드는 방법을 정성스레 설명하였다. 교사는 "잘 기억하고 있구나. 너희들이 설명해 준 방법들이 다 맞아. 먼저 찹쌀가루에 물을 넣어 반죽을 만들어. 그런 다음 손으로 납작하게 빚어 그 위에 꽃을 얹고, 그것을 커다란 프라이팬에 기름을 조금 두르고 노릇노릇하게 구우면 되는 거야."라고 하면서 순서대로 다시 한번 알려주었다.

본격적으로 화전 만들기에 돌입한 아이들은 먼저 찹쌀 반죽을 시작하였다. "나는 반죽이 동그랗게 잘 안 만들어져. 형아가 좀 해줘." 라고 하며 자신이 반죽한 찹쌀 반죽이 불만인 듯 입을 삐쭉이는 지운이에게 지한이는 "예쁘게 안 해도 돼. 그냥 네가 만들고 싶은 대로 만들면 되는 거야."라며 6살 동생을 격려하는 모습이 참 의젓해 보였다. 그리고 보미는 "프라이팬이 뜨거울 수 있으니 조심조심해서 구워봐."라고 하며 주변에 있는 친구들과 동생들을 챙기며 든든한 조력자의 역할을 하였다. 겸이도 "작년에는 보조 선생님들이 많이 도와주셨는데, 지금은 7살이니까 6살 때보다 더 잘할 수 있을 것 같아요."라며 자신감을 보였다.

● 색과 향기의 향연

화전을 위해 준비된 형형색색의 꽃을 본 아이들의 시선은 한참 동안 꽃에 머물렀다. 꽃 색깔을 보며 자기가 좋아하는 색깔 이름을 말해 보기도 하고, 꽃향기도 맡아보면서 화전이 완성되기 전 잠시 감상의 시간을 가졌다.

"분홍색 꽃도 있고 노란색, 보라색 꽃도 있네."

"꽃 색깔이 알록달록해요."

"너무 예쁘다."

"난 보라색 꽃이 더 예쁜 것 같아."

"난 노란색 꽃이 좋아."

"향기도 맡아보자."

"꽃에서 좋은 향기가 난다."

"색깔마다 향기가 다 다른 것 같다."

아이들은 자기가 원하는 꽃을 납작한 찹쌀 반죽 위에 올려보았고, 꽃이 올려진 반죽이 구워지는 모습을 보면서 화전이 완성되기만을 기다렸다. 드디어 완성된 화전을 본 아이들의 표정은 밝아졌다.

"화전이 너무 예쁘다."

"꽃으로 볼 때도 예쁜데 찹쌀 반죽 위에 꽃을 얹어 화전으로 구워내니 더 예쁘다."

"아까 좋은 꽃향기가 났는데 화전으로 만들어 본 꽃에서도 향기가 날까?"

"우리 맡아보자."

"우와, 화전으로 구웠는데도 꽃에서 향기가 나."

"색깔도 너무 예쁘고 향기도 나는 화전이

완성되었다."

아이들은 여러 색과 향기를 가진 화전을 감상해 보면서, 친구와 선생님들과 맛있게 먹으며 행복한 시간을 보냈다. 이렇듯 화전 만들기는 아이들에게 봄에 피는 갖가지 꽃이 음식의 재료가 될 수 있다는 점을 알게 하는 소중한 경험이 되며, 아이들이 자연과의 관계를 이해하는 데도 도움을 준다. 그리고 꽃은 보는 즐거움도 있지만 먹는 즐거움이 될 수도 있다는 점, 그래서 음식의 미적 가치와 먹는 즐거움을 동시에 느낄 수 있다는 점 또한 의미가 있을 것이다.

봄과 여름의 경계: 아카시아 튀김

향긋한 꽃향기에 취하다

"이 꽃은 이름이 뭐예요?"라며 보미가 아카시아꽃에 관심을 가지며 이름을 물어보았다. 교사가 꽃 이름을 알려주자, 보미는 "아카시아가 이름이래."라며 주변 친구들에게 큰 소리로 꽃 이름을 알려준 후 자신도 아카시아라는 이름을 반복하며 말하여 보았다. 아린이도 아카시아꽃이 마음에 드는지 꽃을 들고 다니며 "꽃이 너무 예쁘다.

그치?"라고 하며 주변에 있는 친구들에게 보여주며 다녔다. 그러자 아이들은 아카시아꽃을 보면서 자신이 생각했던 꽃 모양과 꽃향기에 대해 자유롭게 이야기를 나누기 시작했다.

"꼭 종 모양 같아."

"난 포도같이 생긴 것 같은데."

"이렇게 앞뒤로 움직여 보니까 꽃이 흔들흔들 움직인다."

"꽃에서 엄청 좋은 향기가 난다."

"달콤한 향기가 나네."

"다른 꽃도 향기가 나지만 이 꽃은 향기가 더 달콤한 것 같다."

"선생님, 꽃향기가 너무 좋아요."

아카시아를 본 아이들은 저마다 감상평을 늘어놓았고, 꽃의 생김보다 향기에 더욱 매료되는 듯 보였다. 봄에서 여름으로 넘어가는 즈음이면 곳곳에서 은은하게 퍼지는 아카시아 향기를 맡을 수 있어, 이 향기는 어쩌면 계절을 알려주는 향기라고 해도 무색할 것 같다.

● 봄의 향기를 튀기다

"아카시아꽃을 튀겨 먹을 수 있대."라며 교사가 아카시아꽃 튀김에 관해 이야기를 꺼내자, 아이들은 "네에? 아카시아꽃을 튀겨 먹을 수 있다고요?"라고 말하며 깜짝 놀라는 모습을 보였다. 교사는 "깨끗하게 씻은 아카시아꽃에 튀김옷을 입혀 바삭하게 튀기면, 꽃향기도 퍼지면서 달콤하고 고소한 맛이 나는 튀김이 된대."라며 아카시아꽃 튀김에 대해 좀 더 상세하게 설명해 주었다. 그러자 아이들은 "우와, 신기하다."라고 하면서 "우리도 한번 해 봐요.", "아카시아꽃 튀김 만들어서 먹어봐요."라고 하였다. 그래서 교사는 아이들과 함께 아카시아꽃 튀김을 직접 만들어 먹어보기로 하였다.

"우와, 정말 이쁘고 맛있어 보인다."
"팝콘 같아 보여."
"하얗기도 하고 노랗게 보이기도 한 포도송이 같아요."
"엄청나게 바삭바삭하다."
"과자 같아."
"꽃 튀김에서 달콤한 맛이 나."
"튀겨도 계속 향긋한 향기가 나."
"아카시아꽃 튀김이 너무 맛있는 것 같아요."

처음에 아이들은 아카시아꽃으로 튀김을 만들어 먹을 수 있다는 사실에 의아해하고 낯설어하였지만, 이내 아카시아꽃 튀김의 바삭함과 달콤함, 향긋함에 빠져 맛있게 먹었다. 이렇듯 봄에서 여름으로 넘어가는 특정 계절에만 먹을 수 있는 특별한 음식인 아카시아꽃 튀김을 통해 아이들은 자연과 먹을거리의 연결성을 이해할 수 있을 것이다. 그리고 화전과는 또 다른 맛과 향으로 봄을 기억하며, 봄철 다양한 먹을거리에도 관심을 가지는 계기가 될 것이다.

이렇게 만들어요

아카시아 튀김

준비하기 아카시아꽃, 튀김가루, 물, 식용유, 프라이팬 등

만들기

1. 중간크기의 아키시아꽃을 식초물에 5분정도 담가 살균 후 세척한다.
2. 튀김가루와 물을 1:2 비율로 묽게 반죽한다.
3. 꽃송이에 튀김옷을 묻혀 170도 정도의 기름에 앞뒤로 노릇하게 튀긴다.

TIP 아카시아꽃은 식용꽃이기는 하지만 재배가 아니기에 세척에 신경 쓴다.

무더운 여름을 건강하게 살아내고

더워요 더워~ 여름 하면 생각나는 과일: '수박'

덥지만 시원하게

숲길을 올라가는 지한이가 모자를 벗으며 "선생님, 이제는 너무 더워요."라고 말을 하니 여기저기서 덥다며 잠시 쉬어가자는 아이들이 많았다. 그래서 교사가 "그럼, 우리 잠시 여기서 쉬였다 갈까?"라고 하자 아이들은 기다렸다는 듯이 벤치에 앉아 모자를 벗기도 하고 물을 마시기도 하였다. "이제는 너무 덥다 더워. 여름이 왔나 봐."라며 손으로 바람을 만들어 보이는 보미에게 소미는 "봐. 이마에 땀이 났다."라고 말하며 자기 이마를 보여주었다. 보미가 "여름이 오면 너무 더워서 힘들어져."라고 하자 "그래도 더운 여름이 되면 시원하게 물놀이도 하고 아이스크림도 먹을 수 있어서 좋다."라며 겸이는 여름의 좋은 점을 똑 부러지게 말하였다. 이 말을 들은 지운이가 "형아, 아이스크림 너무 많이 먹으면 배탈이 날 수 있어."라며 큰 목소리로 이야기하자 겸이는 바로 "내가 많이 먹는다고 했나? 한 개만 먹을 거라고."라며 강하게 부인하였다. 언성이 높게 오가는 겸이와 지윤이 사이에서 서현이가 "나는 시원한 수박 먹는 게 좋아."라고 미소를 지으며 말하자 아린이도 작은 목소리로 "나도."라고 속삭였다. "맞아. 더운 여름에 시원한 수박을 먹으면 엄청 시원해지지."라고 윤후도 맞장구를 치자 아이들은 여기저기서 "시원한 수박 먹고 싶다."라고 하며 아우성이었다.

무더위 속 시원한 마음 나눔

"시윤이 할머니께서 수박 농사를 짓는데, 이번에 수확한 수박입니다. 시윤이 친구들하고 함께 나누어 먹어보세요."

무더웠던 어느 여름날, 시윤이 부모님과 할머니는 통 크게 수박 두 덩이를 들고 원에 오셨다. 귀하게 농사지으신 수박을 양손 가득 들고 오신 시윤이 부모님과 할머니에게 원장과 담임교사는 감사함과 죄송한 마음이 들었지만, 아이들을 먹일 생각에 또 얼마나 설레는 마음으로 오셨을지 헤아려 보기로 했다.

"어유, 이렇게 귀한 것을 나누어 주셔도 될까요?
판매하여 수익을 내셔야 하는데."
"아니에요, 수박 농사가 잘되어서
우리 손주랑 우리 손주만큼 귀한 친구들에게 한번 맛보게 하고 싶었습니다.
보잘것없는데 이렇게 고마워해 주시니
저희가 더 감사하네요.
냉장고에 넣어 시원하게 해서 함께 맛보세요."

그리고 민망하셨는지 서둘러 문을 나서서 나가시는 모습을 보며 원장과 교사는 "할머님, 부모님, 우리 아이들과 잘 나눠 먹겠습니다."라며 빠르게 인사를 건네었다. 그러자 뒤돌아보며 손을 흔들면서 미소를 지으셨다.

시윤이네 덕분에 오후 간식 시간은 아이들이 좋아하는 수박을 함께 나눠 먹을 수 있는 행복한 시간이 되었다. 교사는 아이들에게 수박을 보여주면서 "얘들아, 이 수박은 시윤이 할머니께서 정성스럽게 농사지으신 수박이야. 시윤이랑 친구들이 이 수박을 먹고 더운 여름을 시원하고 건강하게 잘 보냈으면 좋겠다고 전해 달라고 하셨어."라고 이야기하였다. 그러자 옆자리에 앉은 시안이가 "시윤아, 고마워."라며 감사 인사를 건네었고, 다른 아이들도 시윤이에게 고마움을 표현하였다. 교사는 "우리 이 수박 먹고 더운 여름 시원하고 건강하게 지내보자."라고 말하며 아이들과 수박을 맛있게 나눠 먹었다. 시원하고 달콤하고 정말 맛있다며 연신 감탄을 쏟아내는 아이들 덕분에 재미있었고, 감사한 마음 덕분에 잠시나마 더위를 잊을 수 있었다.

무더운 여름을 이기는 건강한 지혜: '삼복더위 보양식 3종 세트'

● 이냉치열, 더운 여름엔 시원한 게 최고야~: 콩국수

식을 줄 모르는 더위가 조금 힘이 들었는지 세민이는 "오늘 너무 더워서 땀이 좀 많이 나요."라고 말을 하며 책상 자리에 털썩 주저앉았다. 그래서 교사는 "그래, 요즘 상당히 더운데 오늘이 초복이라니까 더 덥게 느껴질 수도 있어."라고 하였다. 그러자 하림이가 "더울 때는 시원한 음식을 먹으면 안 더운데."라며 자신만만하게 이야기하였다. 이에 교사는 "그것도 하나의 방법이지. 그러나 무조건 시원한 음식보다는 시원하면서도 다양한 영양소를 가득 가지고 있는 음식을 먹어야 우리 몸이 건강해져서 더운 여름을 잘 보낼 수 있는 거야. 그래서 과거 우리 조상님들도 더운 복날에 식물성 단백질과 필수 아미노산이 풍부한 콩을 갈아 만든 콩국수를 먹었다고 해."라고 아이들에게 더운 여름을 나기 위한 조상님들의 지혜를 들려주었다. 이 이야기를 들은 세민이는 갑자기 "콩국수 먹고 싶다."라며 속삭였고, 다른 아이들도 "나도 나도."라며 콩국수가 먹고 싶다고 이야기하였다. 그래서 아이들과 곧 콩국수를 만들어 먹기로 계획을 세워 보았다.

● 보이지 않은 수고로움을 느끼며

대두와 서리태를 본 아이들은 "우와, 콩이다."라며 반가움을 보였다. "이 콩은 콩국수의 콩물이 되는 대두와 서리태라는 거야."라고 콩을 이름을 알려주자 아이들은 콩을 만져보았다. 교사가 아이들에게 "이 중에는 좋은 콩도 있지만 썩은 콩도 있을 거야. 썩은 콩을 먹으면 어떻게 될까?"라고 묻자, 수정이는 "배탈이 날 수 있으니 골라내야 해요."라고 하였다. 그래서 교사와 아이들은 썩은 콩을 골라내는 작업을 하였다. 많은 콩 사이에서 썩은 콩을 골라내는 작업이 쉽지는 않았지만, 아이들의 집중력은 꽤 대단했다.

한참 동안 썩은 콩을 골라낸 뒤 아이들과 함께 뒤뜰로 나가 콩을 씻기로 하였다. 교사는 "이제는 함께 콩을 씻을 거야."라며 콩을 씻는 시범을 먼저 보여주었고, 이에 아이들도 함께 손을 보태 콩을 씻어 보았다. 시원한 물에 손을 넣은 몇몇 아이들은 "물이 시원해요."라며 밝은 표정을 지었고, "이거 보세요. 나는 콩을 이렇게 많이 잡을 수 있어요."라며 물속에 있는 콩을 주먹 가득 잡아 들어 보이는 아이들도 볼 수 있었다.

물에서 한참 콩을 비벼 씻은 아이들은 "이제는 어떻게 해요?"라고 물었다. 교사는 "콩을 갈아서 콩물을 만들어야 하는데 바로 콩을 갈 수가 없어. 6시간 정도 콩을 물에 불린 후 푹 삶아야 하는

데 시간이 오래 걸려서 조리사 선생님과 원장님께서 미리 콩을 불려서 삶아 주셨어. 그래서 우리는 이제 맷돌에 갈아 볼 거야."라며 콩물을 만드는 과정을 천천히 알려주었다. 아이들은 "시간이 오래 걸리네요."라고 하며 놀라는 모습이었다.

맷돌을 발견한 든이가 "맷돌이다."라며 반가움을 표하며 목소리 높여 친구들에게 이야기하자, 주변에 있는 친구들이 맷돌 주변에 모여들었다. 시윤이가 "여기 구멍에 콩을 넣어 손잡이를 돌리면 되는 거예요?"라고 맷돌 사용법에 대해 질문을 하였고, 교사는 "그래. 맞아. 여기에 콩을 넣은 후 어이라는 손잡이를 잡고 동그라미 모양으로 돌리면, 구멍에 들어간 콩이 갈려서 옆으로 나올 거야."라며 차근차근 설명해 주며 시범을 보여주었다. 갈려져 나오는 콩물을 본 아이들은 "우와, 신기하다."라며 놀라는 모습이었다.

아이들과 힘을 합쳐 맷돌에 콩을 갈아 콩물을 만들어 보기로 하였다. "내가 먼저 해 볼래요."라며 세민이가 먼저 하겠다고 나섰다. 세민이는 맷돌을 돌리다가 잠시 후 "힘들다. 팔이 아파."라며 맷돌 돌리기를 멈추었고, 채윤이가 "그럼, 내가 도와줄게."라며 맷돌을 이어받아 돌렸다. 조금 뒤 채윤이도 "맞네. 맷돌 돌리는 것이 생각보다 힘드네."라며 도움을 청했고, 지한이가 나서서 "내가 도와줄게."라고 하더니 맷돌을 돌렸다.

한참 맷돌을 돌리던 지한이가 "콩국수 먹기 위해 콩물을 만드는 게 시간도 오래 걸리고 힘드네."하며 한숨을 쉬며 하소연하니 아이들은 여기저기서 그렇다는 목소리와 표정으로 동의하고 있었다. 아이들의 반응을 본 교사는 "콩국수뿐만 아니라 음식을 만드는 과정이 생각보다 시간도 오래 걸리고 힘도 많이 드는데 우리는 잘 모르고 있었다. 그치?"라며 조리하시는 분들의 수고로움에 관해 이야기를 꺼내니 아이들도 크게 공감하였다. 그리고 차례대로 조리실로 가서는 "고맙습니다."라고 감사의 인사를 전하였다.

이렇게 만들어요

콩국수

준비하기 콩(메주콩, 서리태 등), 소금, 물, 국수, 고명, 맷돌 등

만들기

1. 콩을 깨끗이 씻어 5~6배의 물에 6~10시간 이상 불린다.
2. 불린 콩을 삶는다.
3. 삶은 콩을 맷돌로 곱게 간다.
4. 소면은 삶고 국수 위에 얹을 고명도 준비한다.
5. 그릇에 삶은 소면을 담고 차갑게 식힌 콩물을 부은 후 고명을 올린다.
6. 기호에 따라 소금으로 간을 한다.

TIP 두부나 두유를 활용하여 콩국수를 만들어도 좋다.

● 콩으로 만든 건강한 시원함

그릇에 담긴 콩국수를 맛본 아이들의 표정과 말은 사뭇 재미있었다.

"우리가 같이 만든 콩물로 만든 콩국수다."

"음... 시원하다."

"이 맛이 담백한 맛인가?"

"나는 국수가 맛이 좋아."

"건강에 좋은 콩으로 만든 것이니까 건강한 맛이 나잖아."

지한이는 함께 만든 콩물로 국수를 만든 것만으로도 만족스러웠는지, 콩국수를 맛있게 먹었지만 규빈이는 담백한 맛에 대한 합리적 의심을 하는 듯, 아리송한 표정을 짓기도 했다. 그러자 아린이는 콩물보다는 국수가 더 맛있다며 국수를 들어 보이기도 했고, 겸이는 건강한 콩으로 건강한 맛이 난다는 나름의 논리를 펼치며 맛있게 먹어 보였

다. 아이들의 반응이 재미있었던 교사는 더운 복날 우리 조상님들의 음식에 담긴 지혜를 다시 들려주며, 맛있게 콩국수를 먹고 더운 여름을 건강하게 지내보자며 아이들에게 콩국수를 권해 보았다.

이렇듯 아이들은 콩국수를 만들어 보는 과정에서 콩의 영양학적 의미를 알고, 더운 여름을 시원하게 보낼 수 있는 계절 음식으로 자연과 생활의 조화를 배울 수 있다. 또한 직접 콩을 갈아 보면서 재료의 변화를 경험해 보고, 조리 과정을 통해 감각적 경험의 기회도 가져볼 수 있다. 아울러 전통 음식에 대한 관심과 함께 건강한 식습관을 형성하기 위한 기초도 마련해 볼 수 있을 것이다.

이열치열, 더위는 더위로 이긴다: 육개장

"더우니까 아이스크림 먹고 싶다."

"그래, 시원하고 달콤하겠다."

"근데 아이스크림을 너무 많이 먹으면 배탈이 날 수도 있어."

"그래, 너무 덥다고 찬 음식을 너무 많이 먹으면 안 돼."

교사는 아이들의 이야기를 가만히 듣다가 "맞아. 덥다고 시원한 것을 너무 많이 먹으면 배탈이 날 수 있어. 그래서 옛날 우리 조상님들은 더운 여름에 뜨끈한 보양식을 먹으면서 건강을 챙겼다고 해."라고 하자 지한이가 갑자기 "이열치열, 더위는 더위로 이긴다고 지난번 초복에 조상님들이 복날을 보내는 방법에 대해 알아본 게 기억이 나요."라며 지난 이야기를 떠올리며 말하였다. 이에 아이들과 중복이 되면 뜨끈한 보양식을 먹으며 더운 여름을 건강하게 보내기로 했다.

이렇게 만들어요

육개장

준비하기 고사리, 숙주, 무, 파, 표고버섯, 다진마늘, 간장, 소금, 참기름, 육수 등

만들기
1. 참기름에 파를 넣어 약불에서 파기름을 만든다.
2. 파 향이 올라오면 고기를 넣은 후 볶는다.
3. 고기가 익으면 육수를 넣어 끓인 후 각종 야채를 넣는다.
4. 중불에서 한소끔 끓여낸다.

TIP 육개장은 불조절이 중요하므로 센불보다 중불에서 은근히 끓인다.

● 뜨끈하니 속이 든든해

뜨끈한 기운이 느껴지는 육개장을 본 아이들이 "맛있겠다."라며 반가움을 표현하였다. 교사가 아이들에게 육개장을 주니 도원이는 "냄새가 너무 좋은데."라며 육개장이 담긴 그릇에 코를 대고 냄새를 맡아보았다. 이 모습을 본 보미도 "맞아, 엄청 맛있는 냄새가 난다."라고 하며 그릇을 들어 냄새를 맡으며 흐뭇해하였다. 겸이는 그릇에 담긴 육개장을 찬찬히 살펴보더니 "육개장에 소고기랑 콩나물이 들어간 것 같은데."라고 이야기하였다. 그래서 교사는 "콩나물이 아니라 숙주나물인데 콩나물이랑 비슷하게 생겼지?"라고 하자 아이들은 "아~"하며 고개를 끄덕거렸다. 아린이는 "여기 갈색은 뭐예요?"라며 고사리를 가리키며 물었고, 교사가 고사리에 대해 알려 주자 보미는 "우리 비빔밥 먹을 때 먹어본 나물인 것 같아요."라고 하였다. 교사는 "맞아, 고사리로 나물 반찬을 만들어 그대로 먹기도 하고 비빔밥을 해 먹기도 하지."라며 조금 더 자세하게 말해 주니 다른 아이들도 호기심을 가지며 고사리를 자세하게 살펴보았다.

육개장 국물을 먹은 윤재가 "우와, 국물이 엄청 맛있다."라며 감탄하니 지운이도 국물을 떠먹으면서 "진짜 맛있다."라며 좋아하였다. 다른 아이들도 "맛있다."라며 웃어 보였다. 국물을 맛본 윤후가 이어 젓가락으로 육개장 건더기를 집어 먹어보면서 "건더기가 엄청 많고 맛있다."라고 하였다. 그러자 다른 아이들도 이내 육개장 국물과 건더기를 함께 맛있게 먹었다.

"뜨끈한 국물을 먹으니 조금 덥기는 하지만 엄청 건강해지는 느낌이 들어요."

"맞아, 엄청 튼튼해진 것 같아."

한참을 먹던 지한이와 지운이는 육개장을 먹으며 건강해진 것 같다며 만족스러운 표정을 지었다. 겸이가 "이열치열, 더위는 더위로 이긴다."라며 다시금 이야기하였고, 이 말에 반 아이들 모두 크게 웃을 수 있었다.

갖가지 익힌 나물과 채소가 들어간 육개장은 한국인의 밥상을 이해할 수 있는 좋은 음식이 되지만, 보통 맵게 조리된 육개장을 먹는 경우가 많다. 그래서 아이들이 먹을 수 있는 순한 맛의 육개장을 접해보는 것도 음식에 대한 좋은 경험이 될 수 있다. 더욱이 여름철 보양식으로, 더위를 이기는 데 도움이 되는 음식으로서의 맥락을 통해 아이들은 계절과 건강과의 연결을 배우게 될 것이다.

비타민의 보고 여름 과일: 오미자과일화채

삼복 중 말복에 대해 아이들과 알아보는 시간이었다. 겸이가 "선생님, 조상님들이 삼복더위를 건강하게 지내기 위해 여러 가지 보양식을 먹었다고 하는데 우리 말복에는 뭐 먹을까요?"라며 말복에는 어떤 보양식을 먹으면 좋을지 궁금해하며 물었다. 그러자 다른 아이들도 "우리 뭐 해 먹을까?"라며 보양식에 대해 서로 이야기 나누었다. 그러던 중 지한이가 "이번에는 좀 상큼하고 달콤하면서 시원한 보양식을 먹어보면 좋겠다."라고 이야기하자 보미가 "그럼, 수박화채는 어때? 우리 복날은 아니지만, 지난번 오전 간식으로 수박화채 먹었잖아."라며 아이디어를 냈다. 아이들의 의견에 교사도 "좋아. 우리 조상님들도 더운 날에 더위를 식히면서 비타민과 무기질이 풍부한 과일로 화채를 만들어 먹으면서 건강을 챙기셨어. 특히 여름은 다른 계절보다 맛있는 제철 과일이 많은데, 그중 수박은 수분이 풍부하여 여름을 대표하는 과일이지."라며 동의하였다.

"근데 여름에 수박 말고 참외도 있잖아."

"맞네 맞네. 참외도 있지."

"나는 복숭아 좋아하는데."

"그럼, 수박이랑 참외랑 복숭아를 같이 넣어봐요."

"좋은 생각이다. 수박, 참외, 복숭아를 같이 넣어 먹으면 더 시원할 것 같아."

"나 참외랑 복숭아도 좋아하는데"

아이들은 열띤 토의 끝에 화채에 여러 가지 여름 과일을 넣기로 하였다. 그리하여 아이들과 돌아오는 말복에는 수박과 참외, 복숭아가 들어간 과일화채를 만들어 보기로 하였다.

● 따로 같이

화채를 만들기 위해 수박과 참외, 복숭아를 요리 칼로 자른 후 냉침해 놓은 오미자청에 넣어 과일화채를 만들어 보기로 하였다. 수박과 참외, 복숭아를 자유롭게 탐색해 본 후 안전에 유의하면서 요리 칼로 과일을 잘라 보기로 하였는데, 달큰한 과일 향기의 유혹을 뿌리치지 못했는지 자르는 동안 열심히 먹어보는 아이들이 제법 눈에 띄었다. 그래서 교사는 아이들에게 "맛있어?"라고 물으니 "네."라고 대답하며 웃어 보였다. 과일을 입으로, 손으로, 코로 탐색하면서 제각각 자른 과일을 냉침한 오미자청이 담긴 커다란 볼에 넣어보았다. 너도나도 열심히 자른 과일을 한곳에 넣은 후 '휘~휘' 저어 보니 이내 가득 찼다. 아이들은 "우와, 많아졌어요."라며 가득 찬 과일화채를 보며 뿌듯한 표정을 지었다. "맞네, 맞네. 친구들이 혼자서 자를 때는 적었는데 모두 모아보니 이렇게 많아졌네."라며 과일화채를 함께 만든 아이들을 격려해 주었더니 기분 좋게 웃어 보였다.

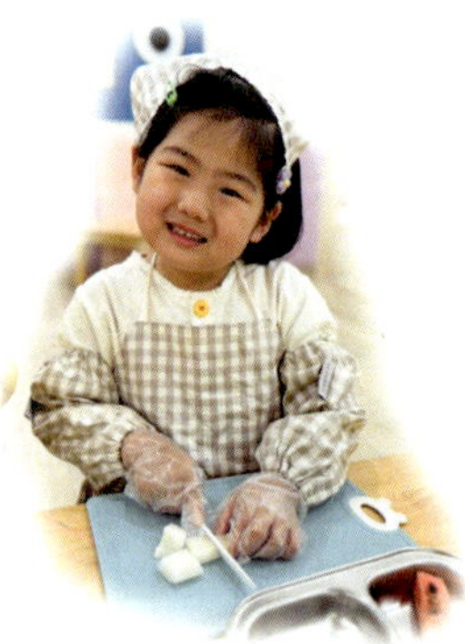

이렇게 만들어요

오미자과일화채

준비하기 오미자청(오미자액), 과일(수박, 참외, 복숭아 등), 물, 얼음 등

만들기
1. 오미자청에 물을 넣어 주스를 만든다.
2. 여러가지 과일을 먹기 좋게 자른다.
3. 오미자주스에 자른 과일과 얼음을 넣어 섞는다.

TIP 오미자의 다섯 맛은 단맛, 신맛, 짠맛, 쓴맛, 매운맛이다.

● 시원하니 행복해~

함께 만든 오미자과일화채를 그릇에 담은 모습을 본 유하가 "화채가 너무 예쁘다."라며 감탄하였고, 든이도 "맞아 맞아, 맛있겠다."라며 덩달아 화채를 보며 싱글벙글하였다. 먼저 맛을 본 든이가 "엄청 시원하고 달콤하다. 너도 먹어봐."라며 유하에게 화채를 먹어볼 것을 권하니 맛을 본 유하도 미소로 만족감을 표현하였다.

화채를 한 그릇 다 비운 준우가 그릇을 다시 들고나오더니 교사에게 자신의 그릇을 내밀었다. 교사가 "왜? 더 달라고?"라고 물으니, 고개를 끄덕였다. 준우에게 "맛있어?"라고 교사가 물으니 또다시 고개를 끄덕이며 긍정의 표현을 해주었다. 다른 아이들도 화채를 먹던 숟가락을 잠시 멈추고 고개를 들더니, 교사를 보며 웃어 보이는 것으로 과일화채에 대한 만족스러움이 표현되는 듯했다.

"오미자과일화채 너무 맛있다. 그치?"

"맞아. 엄청 달콤하고 시원하다."

"시원하고 달콤한 화채를 먹으니까, 이제는 하나도 안 더운 것 같아."

"시원하고 달콤한 화채를 먹으니까 너무 행복하다."

화채를 먹으며 이야기하는 소미의 목소리에서 만족스러움이 흘러나왔고 '더워도 너무 덥다.'며 여름을 힘들어하던 겸이도 이제는 안 더운 것 같다면서 흡족해하였다. 또 지운이도 달콤한 화채를 먹으며 행복하다고 하니, 다른 아이들도 "맞아 맞아."라며 맞장구를 쳤다.

풍성한 가을로 수확의 기쁨을 알고

수확의 기쁨: 가을 열매

● 감이 주렁주렁 열렸어요.

결실의 계절인 가을에 아이들과 함께 가을 과일을 수확하려 농장으로 나가 보았다. 여러 가지 가을 과일 중에서도 먼저 감을 수확하기 위해 감 농장을 방문해 보았다. 감 농장에 도착하자마자 감나무를 발견한 규빈이가 손으로 가리키며 "얘들아, 저기를 봐. 감이 주렁주렁 열려 있다."라며 반가움을 표현하였다. 이를 본 서현이도 "나무에 열린 것이 다 감인가 봐. 나무에 감이 엄청 많이 달려있어."라며 놀람과 반가움을 동시에 나타내었다. 친구들의 말을 들은 겸이는 "작년 가을에 우리가 와서 감을 많이 땄는데 다시 이렇게 많이 열린 건 감이 작년 겨울부터 올해 봄, 여름, 가을까지 쑥쑥 잘 자랐나 봐." 라며 감나무에 주렁주렁 영근 감을 대견하게 바라보며 말하였다.

감을 수확하기 전에 먼저 감을 안전하게 따는 방법을 알아보고 본격적으로 감을 수확해 보았다. 우진이는 "감나무가 우리보다 더 높이 자라서 저기에 있는 감은 손으로 잡히지가 않아."라며 자신보다 큰 감나무를 보며 어쩔 줄을 몰라 하였다. 그래서 교사는 "높은 곳에 있는 감 말고 너 옆에 있는 감을 따면 되잖아."라며 곁으로 가지를 내어주며 딸 수 있도록 도와주었다. 교사의 도움을 받아 감을 딴 우진이는

자신이 딴 감을 들어 보이며 기분 좋게 웃어 보았다.

감을 따다가 무거운지 감을 땅에 떨어뜨린 리안이는 "감이 무겁네."라며 자신이 따다가 떨어뜨린 감을 들어 올렸고, 옆에서 윤재가 "조심해."라며 친구가 안전하게 감을 따도록 이야기해 주었다. 지유는 "내가 딴 감 엄청나게 크지?"라며 자신이 딴 감을 자랑스러워하자 다겸이도 이에 질세라 "아니야, 내 감이 더 큰데."라며 자신이 딴 감을 친구들에게 뽐내었다.

한참 동안 감을 딴 아이들에게 교사가 "힘들지 않았어?"라고 물으니 아린이가 팔을 떨며 "나뭇가지에 달린 감을 따야 해서 팔이 좀 아파요."라고 말하였다. 서현이는 "난 위로 쳐다봐서 목이 좀 아픈 것 같아."라며 손으로 목을 만져보았다. 수확의 힘듦을 토로하는 친구들의 말을 들은 윤후가 "힘들어도 우리가 딴 감을 보니 기분이 좋다 그치?"라고 말하며 친구들을 바라보자, 지운이는 "우리가 딴 감 엄마, 아빠, 누나한테 가져다주고 싶다."라고 하였다. 힘들게 수확한 과일을 사랑하는 가족에게 나누어주고 싶다고 생각하는 아이들의 마음이 참 아름다웠다. 그렇게 아이들이 딴 감을 한곳에 모아보니 꽤 많은 양이 모였다. 자기들이 수확한 감을 본

아이들은 “얘들아, 우리가 딴 감 좀 봐. 엄청 많다.”라며 놀라움과 뿌듯한 표정을 지어 보였다. 교사도 “대단해. 우리 친구들이 서로서로 도와가며 감을 따니 이렇게 많아졌네.”라며 크게 칭찬해 주었다.

● 여기 땅속에 보물(고구마)이 숨겨져 있어

드넓은 들판을 발견한 아이들이 “우와, 넓다.”라고 감탄하며 주위 여기저기를 둘러보았다. 윤재가 “여기에 다 고구마가 심겨져 있어요?”라고 물어, 교사는 “그래, 여기는 고구마밭이야.”라고 알려주니 윤재는 무언가를 찾는지 고구마밭을 이리저리 헤매고 다녔다. 그러다가 “그런데 고구마는 어디에 있어요?”라고 다시 물었다. 그래서 교사는 “고구마는 이제 우리가 캘 거야. 여기 땅속에 심겨 있으니까.”라고 말해 주니 고개를 갸우뚱하면서 이상하다는 듯한 표정을 지었다.

고구마가 있는 위치와 고구마 캐는 방법에 대한 선생님의 설명을 듣고 시범을 본 아이들은, 각자 모종삽을 이용하여 땅을 파헤쳐 보며 고구마를 찾아보았다. 윤후가 반복하여 삽으로 흙을 들어내며 고구마를 찾았으나 나오지 않았고, 이내 "고구마가 없는데."라며 당황하는 모습이었다. 그러자 옆에 있던 겸이가 "나처럼 땅을 좀 더 깊게 파 봐. 그러면 이렇게 고구마가 나올 거야."라며 시범을 보여주었다. 윤후는 겸이의 말대로 모종삽으로 좀 더 깊게 땅을 파 보았고, 고구마가 나오자 "나도 고구마 찾았다."라며 흥분된 목소리로 이야기하였다.

보미는 "여기 봐. 내가 찾은 고구마가 엄청 크다."라며 자신이 찾은 고구마를 들어 보이며 친구들에게 자랑하자 가빈이도 "내가 찾은 것도 엄청 나게 커."라며 자신이 캔 고구마를 보여주며 뽐내

었다. 윤재는 "여기 봐, 난 고구마가 두 개가 나왔어."라며 자신이 캔 큰 고구마 2개를 친구들에게 보이기 위해 들어 보이니, 아이들이 "우와, 윤재는 2개나 캤어."라며 부러워하는 모습을 보였다. 그 모습에 아린이는 "난 작은 고구마 1개밖에 못 캤는데."라며 아쉬워했지만, "아린이 언니가 캔 고구마 너무 귀엽다."라는 6살 동생들의 말에 "헤헤."하며 기분 좋게 웃어 보였다.

고구마를 캐던 지운이가 고구마 고랑 사이사이를 옮겨 다니는 윤재를 발견한 뒤 곁으로 가서는 "윤재야, 뭐해?"라고 물어보았다.

"난 지금 보물을 찾고 있어."
"여기에 보물이 있다고?"
"여기 땅속에 보물이 숨겨져 있어."
"여기 땅속에는 고구마가 있어."
"그러니까 고구마가 보물이야.
여기 땅속에 숨겨져 있는 고구마가 보물이라서
우리는 지금부터 보물을 캘 거야."
"그래. 우리 같이 땅속에 숨겨져 있는
보물을 캐보자."

윤재와 지운이는 땅 속 보물인 고구마를 함께 캐어보면서 즐거운 시간을 보낼 수 있었다.

● 사과로 새콤달콤한 가을을 즐겨요

농장 입구에서 사과나무를 발견한 서현이가 "저기 봐, 사과가 많이 달려 있어."라며 매우 반갑게 소리치며 주변 친구들을 둘러보았다. 나무에 달린 사과를 발견한 겸이도 "지난번에 간 농장에는 감이 주렁주렁 열렸던데, 이번에는 사과가 주렁주렁 열려 있네."라며 사과가 주렁주렁 열려 있는 모습이 좋은지 싱글벙글 웃어 보였다. 보정이가 "나 사과 엄청나게 좋아하는데."라며 자신이 좋아하는 과일이

사과라는 이야기를 꺼내자, 여기저기서 "나도 제일 좋아하는 과일이 사과야."라고 말하는 아이들의 목소리가 들렸다.

사과나무에서 사과가 나는 과정과 건강하게 사과를 따는 방법을 농부님께 설명을 들은 아이들은 본격적으로 사과를 수확해 보았다. 사과를 잡은 가빈이가 "사과가 잘 안 따져."라며 곤란한 표정을 짓자 지한이가 "사과를 잡고 위로 접혀주면 '톡'하고 꼭지가 떨어져."라는 설명과 함께 사과 따는 시범을 보여주며 가빈이가 사과를 딸 수 있도록 도와주었다. 이를 본 규빈이도 "사과를 딸 때 가지가 상하지 않게 조심해야 해."라고 하며 주의 사항을 알려 주었다.

친구들의 도움을 받은 가빈이는 자신이 딴 사과를 번쩍 들어 올리며 "헤헤, 내가 딴 사과야."라고 기쁘게 이야기하자, 도움을 주었던 지한이와 규빈이가 "잘 땄네."라며 칭찬해 주었다. 다른 아이들도 모두 자신이 딴 사과를 자랑스럽게 보여주었다.

"내가 딴 사과 참 예쁘다."라고 하며 지운이가 사과를 보며 싱글벙글 웃자, 보미도 "사과가 빨갛게 잘 익어서 더 예쁜 것 같아."라며 자신이 딴 사과를 어루만지며 이야기하였다. 교사가 "우리 친구들처럼 참 예쁘네."라고 하며 사과를 들어 아이들 옆에 두고 웃어 보이니 "우리가 사과처럼 예쁘대.", "우리가 사과를 닮았대."라고 하면서 서로를 보고 크게 웃었다. 한참을 재미있게 사과를 따던 아이들은 "우리가 딴 사과 먹어봐요."라며 사과를 함께 먹어보자고 제안하였고, 직접 수확한 사과를 나눠 먹는 시간을 가졌다.

"우와, 진짜 새콤달콤하다."

"우리가 따서 더 맛있는가 봐."

"아삭아삭 소리가 나는 게 재미있어."

"난 아그작 아그작 소리를 내어 볼 거야."

사과를 맛있게 먹은 아이들을 향해 교사가 "오늘 사과 따기 안 힘들었어?"라고 물으니 "오늘 너무 재미있었어요.", "우리 내년에도 또 와요.", "맛있는 사과 집에 가지고 가서 우리 가족들한테도 주고 싶어요."라고 말하였다. 그래서 교사는 "우리 내년에도 사과를 따러 오려면 사과가 쑥쑥 잘 자라야 하겠네."라고 이야기하였다. 그러자 아이들은 "사과나무야, 우리에게 맛있는 사과를 줘서 너무 고마워.", "사과야 쑥쑥 잘 자라. 내년에도 만나자."라며 내년 가을에 다시 만날 것을 기약해 보았다.

풍요와 행복의 기원: 송편

● 가을이 성큼 다가왔네

파란 하늘이 너무도 예뻤던 어느 날, 보미가 "얘들아, 하늘을 봐. 하늘이 엄청 파래."라며 손을 뻗어 가리켰다. 도원이도 "하늘이 너무 예쁘네."라며 하늘색에 감탄한 듯 이야기하였다. 규빈이는 "하늘은 예뻐서 좋은데 햇살이 강해서 좀 더운 것 같아."라며 눈부시다는 듯 햇살을 손으로 살짝 가리자, "난 이제 안 더운데."라며 소미는 그냥 하늘을 바라보았다. 지한이는 자기 윗옷을 친구들에게 보여주며 "난 이제 아침이랑 저녁은 좀 추워서 윗옷을 입고 다녀."라고 하였다.

"나는 어젯밤에 귀뚜라미 소리 들었는데, 아빠 말이 귀뚜라미 소리가 들리는 걸 보니 가을이 성큼 다가온 것 같다고 했어."라며 겸이가 친구들에게 말하였다. 그러자 지운이는 "근데 귀뚜라미 소리 어디서 들었어?"라며 궁금한 듯 물었고, 겸이는 "어젯밤에 아빠랑 엄마랑 누나랑 놀이터에서 놀았는데 거기 있는 나무에서 소리가 나는 것 같더라."라고 대답하였다. 그러자 지운이가 "나도 오늘 엄마랑 아빠랑 누나랑 놀이터에 있는 나무에서 귀뚜라미 소리 들어 봐야겠다."라고 하였다.

아이들의 이야기를 들은 교사가 "그래, 한낮에는 아직 더운 것 같지만 아침저녁으로는 서늘한 기운이 돌아 이제 조금씩 가을이 다가오는 것 같아. 한낮의 햇살도 아침저녁으로 불어오는 서늘한 기운도 곡식이랑 과일, 열매 등이 잘 자라고 익어가는 데 큰 도움이 되지."

라고 말했다. 그 말을 들은 아이들은 "우리 지난번에 감이랑 고구마랑 사과 농장 가봤잖아요. 가을이 점점 다가오면 거기 있는 과일이랑 열매들이 더 쑥쑥 잘 자라겠다."라며 얼굴 가득 미소가 번졌다.

● 함께하는 나눔과 감사의 명절, 추석

"나 어제 엄마랑 시장에 갔다 왔다."라며 주말 지낸 이야기를 꺼내는 보미에게 윤후는 "시장 가서 뭐 샀어?"라며 궁금해하며 질문을 하였다. 그래서 보미는 "추석에 식구들이랑 먹을 과일이랑 나물, 고기 같은 거 샀어. 하여튼 많이 샀어."라고 윤후에게 말해 주었다. 아이들의 대화를 들은 교사는 "맞아. 이제 조금만 있으면 우리 민족 최대의 민족인 추석이 올 거야."라고 하며 추석을 대화의 주제로 꺼내 보았다. 그러자 지운이는 얼굴 가득 미소를 지으며 "추석에 할머니 집에 가는데."라고 하였고, 윤재도 "난 할머니 집에 가서 사촌형아들도 만나."라며 어깨를 으쓱거렸다.

"근데 우리 추석에 송편 먹잖아요."라며 겸이가 이야기를 꺼내자, 윤재가 "나는 할머니 집에서 친척들이랑 송편 만들어 봤어."라고 하였다. 이에 교사가 "그래, 우리 민족 최대의 명절인 추석은 한 해 동안 무탈하게 농사를 지을 수 있었던 것에 대해 감사하고 풍요로운 수확을 축하하는 날이야. 그래서 가족들과 함께 나누고 조상님께 감사하는 마음을 담아 차례를 지냈지. 우리 친구들이 말한 송편은 추석에 먹는 대표적인 명절 음식이기도 해."라고 추석과 송편의 의미를 자세하게 알려주었다. 그랬더니 지한이가 "선생님, 곧 추석도 다가오는데 송편 만들어서 친구들이랑 동생들이랑 나누어 먹어보는 건 어때요?"라고 제안하였다. 아이들도 모두 좋다며 하여, 추석을 앞두고 송편을 만들어 보기로 하였다.

만들고 나누는 가을행복

송편 만들기를 위해 준비된 송편 익반죽을 발견한 아이들이 손가락으로 요리조리 콕콕 찔러 보기도 하고 조물조물 만져보더니 "어서 만들어 봐요."라며 서두르기 시작했다. 교사는 "그래그래, 빨리 송편을 만들어 보고 싶구나."라고 이야기한 뒤 도와주시는 부모님들과 함께 아이들에게 송편을 만드는 방법을 보여주고, 아이들이 송편을 만들 수 있도록 도와주었다. 반죽을 손으로 떼어 둥글둥글 굴러보던 세민이가 "동글동글 공이 되었네."라며 자신이 만든 송편 반죽을 이리저리 살펴보니 옆에서 보던 하림이가 "세민아, 동그랗게 해서 다시 납작하게 펼쳐야 해."라며 동그란 공 모 양의 반죽을 손바닥으로 납작하게 만드는 과정을 보여주었다. 이어 유하가 "여기에 송편 잼을 넣은 후 주머니처럼 이어야 해."라며 송편을 완성해 보여주었다.

하림이와 유하의 시범을 본 세민이가 따라 만들어 보았다. 교사가 "유하야 송편 짬이 뭐야?"라고 물으니 "달콤하고 맛있는 거요."라며 손가락으로 검은콩과 콩가루, 깨소금으로 이루어진 송편소를 가리켰다. "아하, 그건 송편소라고 하는 거야. 우리 유하의 말대로 송편 안에 넣는 달콤하고 고소한 맛을 내는 내용물들이지."라며 교사가 알려 주니 아이들 모두가 고개를 끄덕여 보며 "송편소."라고 소리 내어 말하였다.

한참 송편을 만들던 중에 세민이가 "송편 맛있겠다."라며 만들어 놓은 송편 하나를 입에 넣었다. 그러자 이를 본 하림이가 "세민아, 먹으면 어떻게 해?"라며 깜짝 놀라며 먹지 말라고 하였다. 교사가 "아니야, 먹고 싶으면 먹어봐도 좋아."라며 교사도 송편 하나를 먹었고, 이를 본 다른 아이들도 송편을 하나씩 맛보았다.

"맛이 어때?"라고 묻는 교사의 물음에 세민이가 "음~ 너무 맛있다."라며 익살스러운 표정을 지어 보였고, 다른 아이들도 이 모습을 따라하면서 기분 좋게 웃었다.

이렇게 만들어요

송편

준비하기 쌀가루, 따뜻한 물, 송편소(팥고물, 깨, 설탕, 콩고물 등), 참기름, 찜기 등

만들기

1. 체에 곱게 내린 쌀가루에 따뜻한 물을 조금씩 섞어가며 반죽을 한다.
2. 반죽이 마르지 않도록 젖은 면보로 덮어둔다.
3. 기호에 맞게 송편소를 만든다.
4. 반죽을 떼어 동그랗고 납작하게 만든 후 송편소를 넣어 송편 모양을 만든다.
5. 만든 송편을 김이 오른 찜기에 쪄낸 후 찬물에 담갔다가 재빨리 건져내 참기름을 바른다.

TIP 익반죽된 쌀가루로 송편을 만들면 찌는 단계를 생략할 수 있다.

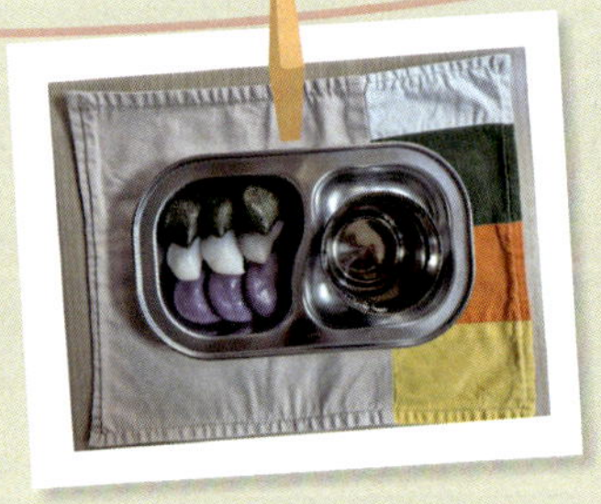

자신이 만든 송편을 접시 가득 담은 아이들은 “보세요. 송편을 벌써 한가득 다 만들었어요.”라며 자랑스럽게 들어서 보여주었다. 그래서 교사는 “우와, 너무 예쁜 송편을 한 접시 가득 만들었네. 정말 대단하다.”라고 하면서 아이들을 크게 칭찬해 주었다. 채윤이가 “맛있는 송편 집에 가서 엄마랑 아빠랑 동생이랑 같이 나누어 먹고 싶어요.”라며 자신이 만든 송편을 소중하게 챙기니 다른 아이들도 “나도나도.”라며 자기가 만든 송편이 담긴 접시를 소중하게 챙겼다. 교사는 아이들에게 “우리 민족 최대 명절인 추석에 먹는 대표적인 음식이 송편이야. 이 송편은 그 모양이 반달처럼 생겨서 가을의 달을 상징하기도 하고 가을 수확물을 담았다는 의미가 되기도 하지. 한 해 동안 지은 농사의 수확물로 만든 송편을 가족들과 나누어 먹으면서, 감사한 마음과 서로의 행복을 기원해 보자꾸나.”라며 추석의 의미와 송편의 상징에 대해 다시 한번 알려 주었다. 그러면서 모두의 풍요와 행복을 기원해 보았다.

이렇듯 아이들과 송편을 만들고 나눠 먹어보면서 곡식과 열매를 귀하게 여기는 마음을 새겨볼 수 있다. 또 송편 반죽을 하고 반달 모양을 만들면서 촉각이나 모양에 대한 경험도 할 수 있다. 특히 반달 모양에는 미래의 희망과 성장의 의미가 담겨 있어, 함께 만들고 나누어 먹는 즐거움을 경험해 보며 아이들과 이러한 마음을 되새겨보는 것도 좋을 것 같다.

가을을 닮은 깊고 진한 맛: 호박전

호박 같은 내 얼굴, 예쁘기도 하지요

늙은 호박을 발견한 아이들이 "우와, 호박이다."라며 관심을 보였다. 지한이가 "우리 지난번에 사과 따러 갔을 때 봤는데."라며 기억을 떠올렸고, 교사는 "그래, 우리 지난번에 사과 따러 갔을 때 본 호박이랑 똑같은 호박이야. 이런 호박을 늙은 호박이라고 하지."라고 아이들에게 알려 주었다. 보미가 호박을 어루만지며 "그런데 지난번 본 호박보다 더 크고 색깔도 더 진한 주황색이네."라고 말하자, 윤후도 호박을 쓰다듬으며 "가을 햇살이랑 비랑 바람을 더 먹고 자랐나 봐."라고 이야기하였다.

"이 늙은 호박으로 뭐 해 먹을 수 있어요?"

"호박죽이랑 호박전 해 먹어봤어요."

"형아, 언제 먹어 봤어?"

"지난번에 시골에서 늙은 호박 가지고 와서 엄마가 만들어 줬어."

"근데 우리도 어린이집 간식으로 호박전이랑 호박죽 먹어봤잖아."

"맞아. 우리 호박떡도 먹어 봤네."

"호박으로 만든 음식은 달콤하고 부드럽고 맛있던데."

"나도 호박으로 만든 음식 좋아해."

아이들의 이야기에 교사는 "호박은 맛도 좋지만 비타민이랑 칼륨 등의 영양소도 많이 들어 있어 우리가 건강해질 수 있도록 도와주지."라며 호박의 영양학적 의미도 알려주었다. 그 말을 들은 지한이가 "호박으로 만든 음식이 다 맛있고 우리도 이렇게 좋아하는데 '호박 같은 내 얼굴' 노래는 호박이 왜 못났다고 하지?"라며 의아해하듯 고개를 갸우뚱거렸다. 윤재가 "그럼 '호박 같은 내 얼굴 예쁘기도 하지요'라고 부르면 되지."라며 노래를 부르니 다른 아이들도 재미있다는 듯이 함께 노래를 따라 불렀다.

● 바로 이 맛이야, 달콤하고 깊은 가을맛

늙은 호박을 자유롭게 탐색해 보던 몇몇 아이들이 호박을 이리저리 쓰다듬더니 "우리도 이 늙은 호박으로 전 만들어 먹어봐요."라고 하였다. 교사가 "호박전 만들어 먹어보고 싶어?"라고 묻자 모두 "네."라며 큰 소리로 대답하였다. 그래서 호박전을 만들어 먹어보기로 하였다.

호박을 손질하기 위해 요리 도우미로 오신 부모님들의 도움을 받아 늙은 호박을 잘라보았고, 아이들은 쪼개진 호박을 이리저리 살펴보았다.

아이들은 쪼개진 호박 속을 만져보고 손으로 호박씨를 끄집어 내보기도 하며 모양을 살피고, 질감을 느껴보았다. 또 색깔과 냄새에도 집중해 보았다.

"호박 안은 말캉말캉하네."

"호박씨가 엄청 많아."

"호박 속은 더 진한 주황색이야."

"호박을 자르니까 수박 냄새가 나는 것 같은데 무슨 냄새인지 잘 모르겠어."

"이 냄새는 바로 호박 냄새야."

호박 속을 제거한 후 채칼로 늙은 호박을 긁어보는데 처음에는 생각처럼 잘 긁히지 않는지 "호박이 딱딱해요.", "잘 안 긁혀요.", "힘들어요."라며 어려움을 토로하였다. 그러나 아이들은 몇 번의 시도 끝에 이내 능숙하게 호박을 긁어내었다. 긁혀 나오는 호박을 본 아이들이 "호박이 국수 같다."며 웃기도 하였고, "우리가 긁은 호박을 모으니까 엄청 많아졌다."라고 하며 뿌듯해하기도 하였다.

긁은 호박에 부침가루를 넣어 이리저리 섞은 후 커다란 프라이팬에 호박전 반죽을 국자로 떠 올린 뒤 구워보았다. "노릇노릇하게 구워보는 거야."라며 소미가 반죽이 노릇해질 때까지 인내심을 가지고 기다려 보는데, 옆에 있던 보미가 "내 호박전은 좀 탔어."라며 자신의 호박전을 보여주며 안타까워하였다. 교사는 "괜찮아. 조금 더 색깔이 진하게 된 거지 탄 건 아니야."라고 위로해 주자 미소를 띠며 접시에 담아 보았다. 가빈이는 "호박전에서 정말 맛있는 냄새가 난다."라며 호박전 냄새를 맡으며 기분 좋게 웃어 보였고, 이어 아린이도 "우리 빨리 구워서 먹어보자."라며 서둘러 호박전을 구워보았다.

호박전만들기

이렇게 만들어요

늙은 호박전

준비하기 늙은 호박, 부참가루, 물, 소금, 설탕, 식용유, 호박전용채칼, 전기프라이팬 등

만들기

1. 손질된 늙은 호박을 호박전용채칼로 채썬다.
2. 늙은 호박채에 소금, 설탕을 넣어 절인다.
3. 절인 늙은 호박채에 부침가루를 넣어 반죽을 만든다.
4. 기름을 두른 후라이팬에 구워낸다.

TIP 호박전용채칼 및 전기프라이팬 등과 같은 기구 사용 시 안전에 유의한다.

드디어 완성된 호박전을 먹어본 소미는 호박전을 한입 맛보며 "호박전이 엄청 달콤하고 부드럽다."라며 기분 좋게 웃어 보였다. 보미도 "어디 나도 먹어봐야지."라며 맛본 뒤 맛있다는 표정으로 고개를 끄덕였다. 윤재가 "호박전 냄새도 엄청 좋아."라며 냄새를 맡으니 지운이도 "호박전에서 무슨 냄새가 나나?"라며 궁금한 듯 냄새를 맡아보았다. 그러자 이를 본 겸이가 "가을 냄새인가?"라며 미소를 띠며 말하였다. 교사는 "우리 친구들이 호박전을 잘 구워서 호박전에서 달콤하고 깊은 가을맛도 나고 가을향기도 나는 것 같아. 고마워."라며 아이들을 크게 칭찬하고 격려해 주었더니 기분 좋게 웃으며 맛있게 호박전을 먹었다.

호박은 여름과 가을에 풍성하게 수확되는 채소로, 친숙한 생김새와 맛으로 아이들이 좋아한다. 특히 전을 만들기 위해 호박을 채칼로 긁어내고 반죽을 만들어 굽는 모든 과정에서 모양, 색깔, 크기의 변화를 관찰하고 탐구하며 즐거움을 더해간다. 이렇게 함께 만들고 나눠먹는 전은 혼자 먹을 때보다 더 맛있게 느껴질 것이다.

깊어가는 가을의 향기와 온기에 빠지다: 국화차

깊어가는 가을의 정취

숲길을 올라가는 지윤이가 붉게 물든 나뭇잎을 보며 "우와, 나뭇잎들이 빨갛다."라며 감탄을 하는 소리가 들렸다. 이를 본 다른 아이들도 "엄청 빨갛다."라며 붉은 색감에 압도되어 한동안 서서 붉게 물든 나뭇

잎을 감상해 보았다. 한참 붉게 물든 나뭇잎 감상을 하던 보미가 "저기 봐. 이 나뭇잎은 빨간데 그 뒤에 있는 나뭇잎은 노란색이다."라며 단풍의 색을 비교하니 이를 들은 윤재가 "빨갛고 뾰쪽뾰쪽한 잎은 단풍잎이고, 노랗고 가운데가 조금 들어간 잎은 은행잎이야."라며 나뭇잎의 이름을 구분하여 말해 주었다. 교사는 "이렇게 나뭇잎들이 알록달록 색깔 옷을 입은 것을 단풍이라고 하는데, 날씨가 점점 추워짐에 따라 식물의 잎이 빨간색이나 노란색, 갈색 등으로 변하는 현상을 말하는 거야."라며 단풍이라는 말을 아이들에게 설명해 주었다. 그러자 아이들은 "단풍이 들었대.", "단풍이 들었어."라고 말하며 가을 산책길을 즐겼다.

불어오는 바람에 나뭇잎이 떨어지는 모습을 본 아이들은 "나뭇잎 비가 내린다."라며 손을 들어 떨어지는 나뭇잎을 잡아 보려고 이리저리 움직여 보았다. 그리고 손을 양옆으로 뻗어 내리는 비를 맞는 흉내를 내 보기도 하였다. 윤재는 떨어지는 나뭇잎을 보며 "가을이 지나면 겨울이 오니까 이제 나무들이 잎을 떨어뜨려 추운 계절을 날 준비를 하려는 거야."라며 나뭇잎이 떨어지는 이유를 친구들에게 알려 주었다. 그러자 아이들은 "이제 더 추워지면 나뭇잎이 하나도 없겠다."라며 아쉬움을 나타내었다.

가을을 닮은 꽃, 국화

숲체험을 마치고 돌아오다 어린이집 입구에서 국화꽃에 물을 주는 동생들을 발견한 가빈이가 "저기 봐. 동생들이 국화꽃에 물을 주고 있어."라며 곁으로 다가갔고, 윤후도 "국화꽃이 활짝 피었네."라며 반갑게 다가갔다. 다른 아이들도 "노란 국화꽃이 예쁘다."라며 동생들 옆에 앉아 국화꽃을 자세히 살펴보고, 꽃향기도 맡아보았다.

교사가 "가을꽃 중 국화는 먹을 수 있어."라고 이야기하자, 아이들은 "정말요?"라며 깜짝 놀라는 표정을 지었다. 그러자 겸이가 "지난번 봄에 화전 만들어 먹을 때도 꽃 먹었잖아."라며 봄에 화전 만들어 먹었던 이야기를 꺼내니 아이들이 "맞네."라고 하며 고개를 끄덕였다. 그래서 교사는 "그래, 가을에 피는 국화로 국화전을 만들어 먹거나 차를 끓여 먹기도 해."라며 국화로 먹을 수 있는 음식을 알려 주었다. 이 말을 들은 지한이가 "봄에는 꽃으로 화전 만들어 먹었으니, 이번에는 국화차 먹어봐요."라고 이야기하였다. 규빈이도 "날씨가 점점 추워지는데, 국화차를 먹으면 따뜻해 지고 좋을 것 같아."라며 말하자, 다른 아이들이 크게 동의하였다.

● 국화차로 느껴보는 가을

가을을 닮은 꽃인 국화로 만든 국화차를 마셔보며 깊어 가는 가을을 느껴보는 시간을 가졌다. 교사가 "오늘 국화차를 마시면서 가을을 따뜻하게 지내보기로 했는데, 특별히 원장님과 함께 차를 마시는 시간을 가져볼 거야."라며 원장님을 소개하니 아이들은 반가움을 표현하였다. "요즘 너희들이 느끼는 날씨는 어때?"라는 원장님의 질문에 지한이가 "낮에는 시원한데 아침저녁으로는 좀 추운 것 같아요." 라고 대답을 하였다. 이를 들은 지운이도 "조금 추워서 윗옷 입고 다녀요."라고 이야기하였다. 보미가 "어제 숲에 갔는데 알록달록 단풍이 든 나뭇잎들이 많았어요."라고 하자, 소미도 "맞아. 숲에서 바람이 부니 나뭇잎도 막 떨어지고 했어요."라고 하였다. 원장님은 아이들의 이야기를 듣고는 "그렇지. 가을이 점점 깊어지니 아침저녁으로 제법 쌀쌀해지고 있는데, 요즘 같은 날씨에는 따뜻한 차 한 잔이 생각나기도 하지. 요맘때 마시기 좋은 차가 국화차인데 국화차는 비타민 A, B가 풍부하여 감기도 예방해 주고, 눈도 좋아지고, 머리도 맑게 해 준다고 해."라며 국화차의 효능에 관해 설명하였다.

"따뜻하니 맛있다."

"그래. 맛있다."

"추울 때 따뜻한 차를 마시면 우리 몸도 따뜻해지는 것 같아."

"국화차에서 향기가 나. 무슨 냄새지?"

"가을 향기가 나는 것 같아"

국화차에 따뜻한 물을 넣어 우려지기를 기다리면서 아이들은 국화차에 쓰이는 꽃잎을 만져보고, 향기도 맡아보았다. 원장님은 따뜻한 물에 우려진 국화차를 아이들 잔에 부어주었고, 차의 따뜻한 온기를 느끼며 아이들과 천천히 마셔보았다.

따뜻하다며 아라가 미소를 띠며 소곤거리자, 예서도 아라를 바라보며 고개를 끄덕였다. 소진이는 추울 때 차를 마시니 몸이 따뜻해지는 것 같다며 부어진 차를 연이어 마셔보았다. 국화차가 담긴 찻잔을 코로 가까이 가지고 가서는 냄새를 맡은

세민이는 무슨 냄새인지 궁금해하며 고개를 갸우뚱거렸고, 율이는 차 향기를 맡으며 가을 향기가 나는 것 같다고 대답하며 살짝 웃어 보였다. 아이들은 저마다의 국화차를 마셔보며 가을의 온기와 향기에 빠져 보았다.

국화차가 가지고 있는 노란 빛깔과 은은한 향, 따뜻한 온도는 오감을 자극하고 예로부터 피로를 풀어주고 눈 건강과 마음 안정에도 좋다고 알려져 있다. 그래서 아이들과 국화차를 마셔보는 경험은 향과 맛, 색깔 등 감각적 경험뿐만 아니라 건강과 치유의 의미로도 가치가 있을 것이다.

추운 겨울을 따뜻하게 지내는 법을 배운다

추운 겨울을 대비해요: 김장

추워요, 추워

"얘들아, 날씨가 많이 추워졌어."라며 숲길을 오르는 윤하가 손이 시린지 양손을 비비면서 온기를 모으자, 겸이도 "그래, 맞아 오늘 좀 상당히 추운 것 같아."라며 몸을 움츠리며 걸었다. 교사는 "얼마 전에 가을인가 싶었는데 벌써 겨울인가봐."라며 숲길을 오르는 아이들을 되돌아보니, 아이들은 모두 "맞아요. 이젠 겨울인가 봐요."라며 성큼 다가온 겨울을 실감하는 듯 이야기를 하였다. "날씨가 추워져서 나무도 이젠 잎이 많이 떨어졌다."라는 윤후의 말을 들은 지운이는 "나무 밑에 낙엽이 엄청나게 쌓여 있어."라며 친구들에게 낙엽을 들어 보였다. 이를 본 다른 아이들이 낙엽 주변으로 모여들더니, 떨어져 있는 낙엽을 하늘 위로 던져 보며 낙엽비를 만들어 보았다.

윤재가 "이제 겨울이 오면 추워서 동물들도 겨울잠을 잘 거야."라고 하자, 윤후는 "맞아. 먹이를 엄청 많이 먹고 추운 겨울 동안 동굴이나 땅속에 들어가 잠을 자다가 따뜻한 봄이 오면 일어나 활발하게 움직이는 거지."라며 겨울잠 자는 동물을 흉내 내 보았다. "그래, 자연도 추운 겨울을 잘 보내기 위해 준비를 하는데, 우리도 추운 겨울을 잘 보낼 수 있도록 채비를 해 보자."라는 교사의 이야기를 들은 윤후가 "우리는 어떻게 하면 돼요?"라고 되물었다. 그러자 아이들은 "옷도 따뜻하게 입고 따뜻한 음식도 먹으면 되지.", "춥다고 움츠러들지 말고 운동 열심히 해야 해.", "잠도 잘 자야 해."라며 제각각 추운 겨울을 잘 보낼 수 있는 방법에 대해 자유롭게 이야기하였다.

김장 담그기 준비, 배추와 무 수확하기

"추운 겨울 동안에는 채소를 키우기 쉽지 않아서, 우리 조상님들은 김장을 담가 겨울 동안 부족해지기 쉬운 비타민과 무기질 등의 영양소를 보충하였다고 해."라는 교사의 이야기가 끝나자 마자 겸이가 "우리도 4살, 5살, 6살 때 김장 담갔잖아요."라며 김장했던 기억을 떠올리며 말했다. 지한이도 "우리가 4살 때는 깍두기 담갔고 5살, 6살 때는 배추김치 담갔던 것 기억이 나요."라며 눈을 반짝였다. 이 말을 들은 보미가 "우리 올해도 추운 겨울이 오기 전에 김장 담가요."라고 하였고, 다른 아이들도 "우리도 겨울 동안 먹을 김장을 담가야 해요."라며 보미의 말에 동의하는 목소리를 내었다. 이에 교사는 아이들에게 "올해도 김장을 담가서 추운 겨울에 맛있는 김치를 먹어보자. 그런데 올해는 우리 친구들과 함께 직접 수확한 배추와 무로 김장을 담가보는 건 어때?"라고 하였다. 아이들은 "우와, 너무 재미있겠다."라며 크게 기뻐하였다.

배추와 무가 심겨 있는 드넓은 밭을 본 아이들은 "우와, 엄청 넓다."라며 놀라는 모습이었다. 그리고 "저기 봐. 배추와 무가 심겨 있어."라며 밭을 신기한 듯 바라보았다. 교사가 배추와 무를 가리키며 "그래. 여기 밭에 심겨 있는 작물이 모두 배추와 무야."라고 이야기를 해주니, "배추와 무가 엄청 많다."라며 아이들은 놀라며 서로 웃었다. 배추를 수확하기 위해 이랑 사이로 이동한 재윤이가 자기 앞에 놓인 배추를 발견한 후 "배추가 엄청 크다."라며 양팔 벌려 안아 보니, 이를 본 다른 친구들도 자기 앞에 놓인 배추를 양팔 벌려 안아 보았다. 배추를 안아 본 지민이가 "나 배추 뽑아 볼 거야."라며 안은 배추를 힘껏 뽑아 들어보니 지효가 "지민이 힘세다."라며 감탄하였다. 교사가 "지민아, 안 무거워?"라고 물으니 지민이는 "난 힘이 아주 세요."라며 자신감 있게 웃어 보였다.

배추를 뽑은 후 무를 수확하기 위해 무 이랑 사이에 선 정우가 "나는 무를 많이 뽑을 거야."라며 양손으로 무를 붙잡고 힘껏 뽑아 보았다. 정우는 뽑은 무를 들어 보이며 "봐라. 내가 무를 쑥~ 뽑았어."라며 자랑스러운 표정을 지어 보였고, 이를 본 다른 아이들도 자신이 뽑은 무를 들어 올리며 자랑하였다. 효준이는 "난 무가 잘 뽑히지 않아."라며 곤란한 표정을 지어 보였다. 그러자 겸이가 "잘 뽑히지 않은 무는 이리저리 앞뒤로 흔들흔들하다 보면 뽑혀."라며 시범을 보여주었고, 효준이가 이를 따라 해 보았다. 뽑히지 않았던 무가 이내 뽑히자 "봐, 나도

뽑았어."라며 자신이 뽑은 무를 들어보며 크게 기뻐하였다.

자신들이 수확한 배추와 무를 차곡차곡 정리해 보는 아이들을 향해 교사가 "우와, 이렇게 커다란 배추와 무를 뽑았어? 대단하다."라며 크게 칭찬하고 격려해 주니 아이들은 "네~ 우리가 다 했어요."라며 뿌듯해하였다. 이어 "우리가 뽑은 배추와 무로 김장할 수 있어요?"라며 궁금해하는 아이들에게 교사는 "너희들이 뽑은 배추와 무가 많아 김장도 많이 할 수 있겠다."라며 대답해 주었다. 그러자 아이들은 "추운 겨울 동안 우리가 만든 맛있는 김치를 먹을 수 있다."라며 기뻐하였다.

● 김장이란 따뜻하고 배부른 겨울 축제

"오늘은 우리가 수확한 배추와 무로 김장을 담글거야."라고 하자 아이들은 이미 알고 있다는 듯이 고개를 끄덕였다. 교사는 이어 "조리사 선생님께서 큰 도움을 주셔서 배추는 이미 소금에 절여 씻어 주셨고, 무와 무청도 깨끗하게 다듬고 씻어 주셨어. 또 김장 양념도 만들어 주셨네."라고 하자 아이들 모두 "조리사 선생님 고맙습니다~"라며 감사의 인사를 전하였다.

"그런데 무청으로 무엇을 할 수 있어요?"라며 윤후가 궁금해하자, 아린이가 "무 김치 담글 때 무청도 같이 담그던데."라며 무청도 김치로 먹을 수 있다고 이야기하였다. 다른 아이들도 "나도 본 적 있어." 라고 하였다. 교사는 "맞아. 무김치 담글 때 같이 담그기도 하고, 무청만 따로 말려 국을 끓일 때 넣어 먹기도 해. 그리고 무청 나물도 만들어 먹고, 무청으로 할 수 있는 음식이 아주 많아"라며 자세히 알려 주었다. 이 말을 들은 몇몇 아이들은 "그럼 우리도 수확한 무청을 말려서 나중에 요리해 먹어요."라고 하였다. 그래서 겨울 동안 무청을 건조해 보기로 하였다.

쌓여 있는 배추를 본 아이들이 "우와 배추가 많다."라며 놀란 모습을 보였다. 교사는 웃으며 "너희들이 수확한 배추야."라고 하니 아이

들은 "이게 다 우리가 수확한 배추래."라며 뿌듯해하며 미소를 지었다. "배추가 많아서 부지런히 김치 양념을 묻혀야겠다."라며 의지를 불태우는 지운이의 말에 "맞아 맞아."라며 다른 아이들도 동의하며 자리를 잡았다.

김장 매트 가운데 김장 양념을 가져다 놓는데, 3세반 채윤이가 갑자기 울음을 터트렸다. 모두가 놀라서 "채윤아, 왜 그래?"라고 묻자, 김장 양념을 가리키며 "무서워, 무서워."라며 교사에게 더 깊이 안겼다. 7세반 아이들은 "양념 색깔이 빨개서 동생이 무서운가 봐요."라고 이야기한 뒤, "괜찮아. 무서운 게 아니야."라며 동생을 위로하고 달래주었다.

“절인 배추 한 잎 한 잎에 골고루 양념을 바르고 나서 동그랗게 오므려 보는 거야.”라며 도우미 부모님들께서는 김장하는 방법을 보여주었고, 아이들은 진지하게 집중하여 보았다. 김장을 하는 중 소미가 양념이 밴 김치가 먹음직스러웠는지 “나 김치 한번 먹어보고 싶어요.”라며 김장 김치를 손으로 가리키니 도우미 부모님 한 분이 한 잎 떼어 소미의 입에 넣어주셨다. 소미가 “조금 맵다.”라며 약간 인상을 찌푸리니 이 모습을 본 도원이가 “소미야, 매워?”라고 물었다. 그러자 소미는 “어, 조금 매운데 맛있다. 너도 한번 먹어봐.”라며 도원이에게 먹어볼 것을 권하였다. 그러자 도원이도 주저 없이 갓 양념을 묻힌 김치를 맛보았다.

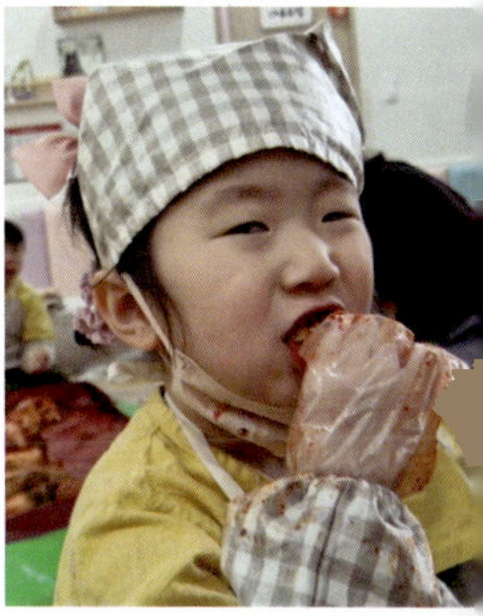

다음 순서는 무로 김치를 만들어 보았다. "우리가 수확한 무로 깍두기를 만들어 봐요."라던 아이들은 제각각 요리 칼로 무를 싹둑싹둑 잘라 보았다. 한참 열심히 무를 잘라 본 겸이가 "내가 자른 무가 엄청나게 많아졌어."라며 무가 가득 담긴 그릇을 자랑스럽게 다른 친구들에게 보여주었고, 친구들도 똑같이 보여주었다. 함께 자른 무를 모두 한데 모으고 양념을 섞어 버무리는 중에 색깔이 변해 가는 무를 본 아이들이 "봐봐. 하얀 무에 양념이 들어 빨갛게 변해."라며 신기해하였다. 도원이는 "우리가 만든 깍두기도 한번 먹어 봐야겠다."라며 깍두기 맛을 보았고, 이를 본 친구들도 하나씩 먹어보았다. 아이들은 "아삭아삭하니 맛있다."라며 자신들이 만든 깍두기 맛에 심취하였다.

김장 김치가 모두 완성된 모습을 본 아이들은 "우와, 우리가 만든 김장 김치가 이렇게 많다."라며 자랑스럽게 서로를 바라보며 뿌듯해하였다. "김장 김치가 많아서 추운 겨울에도 맛있는 김치를 마음껏 먹을 수 있을 것 같다."라며 기뻐하는 지한이의 말을 들은 규빈이도 "김치가 많아서 따뜻한 겨울을 보낼 수 있을 것 같아."라며 웃었다. 김장 중 김치를 맛있게 맛본 도원이는 배를 두드리며 "나는 김치를 많이 먹어 배가 불러요."라며 웃었다. 그러자 아이들은 제각각 "내가 더 먹었다."라며 배를 두드리며 미소를 지었다.

깍두기 담그기

이렇게 만들어요

김장

준비하기 절임배추, 육수, 찹쌀풀, 양념(다진 마늘, 양파, 생강, 고춧가루, 액젓, 새우젓 등) 등

만들기
1. 절임배추를 세척한 후 물기를 충분히 뺀다.
2. 육수, 찹쌀풀, 다진마늘, 양파, 생강, 고춧가루, 액젓, 새우젓 등을 섞어 양념을 만든다.
3. 물기를 충분히 뺀 절인 배추에 양념을 골고루 바르면서 치댄다.
4. 겉잎으로 감싼 후 용기에 차곡차곡 담는다.

TIP 김치를 하루정도 그늘에 숙성시킨 후 냉장보관하면 아삭하고 시원한 맛을 즐길 수 있다.

아린이가 “이만큼만 먹어도 배가 부른데 저 김장 김치를 다 먹으려면 겨울내내 배가 부를 것 같아.”라며 기대되는 표정을 지으면 친구들에게 속삭였다. “김장하는 거 안 힘들었어?”라고 묻는 교사의 물음에 윤재가 “아니요. 너무 재미있고 신났어요.”라며 여전히 신이 난 목소리로 대답하니, 지운이는 “난 더 할 수 있는데….”라며 아쉬워하는 모습을 보였다. 이어 보정이는 “동생들하고 같이하니까 더 좋았던 것 같아요.”라며 동생들을 돌아보니, 서현이는 “나는 엄마랑 같이 해서 좋았어.”라며 도우미 부모님들을 바라보며 미소를 지었다. 그리고 아이들과의 약속이 이어졌다.

"우리 내년에도 김장 담그기 하면서 추운 겨울을
재미있고 따뜻하고 배부르게 보내봐요."
"우리 내년에도 즐겁고 따뜻하면서도 배부른 김장 담그기를 해봐요."

이렇듯 매년 겨울의 초입에 들어설 때쯤 하게 되는 김장은 자연과 더불어 사는 지혜, 사람이 어울려 살아가는 지혜를 배우게 한다. 손이 많이 가는 음식이기에, 김장은 가족과 이웃이 함께 모여 김치를 담그고 나누어 먹는 큰 행사가 된다. 아울러 김치는 우리 전통의 음식이기 때문에, 아이들과 김장을 하는 것은 우리 문화를 익히고 정체성을 확립하는 데도 중요한 역할을 하게 될 것이다.

새로운 시작: 동지팥죽

동지, 건강하고 평안한 새해를 기원해요

「팥죽할멈과 호랑이」 그림책을 다 읽은 지운이가 “팥죽 먹어보고 싶어.”라고 이야기하자 겸이는 “우리 작년에 찹쌀로 새알심 만들어서 팥죽 만들어 먹었잖아.”라고 하였고, 지한이도 “맞아. 기억이 난다.”라며 맞장구를 쳤다. 교사가 “우리 조상님들은 동짓날에 팥죽을 만들어 먹으면서, 건강과 편안한 새해를 기원했지.”라고 하자 아이들은 “그런데 동지는 무슨 날이에요?”라고 물었다. 그래서 교사는 “동지는 일 년 중 낮이 가장 짧고 밤이 가장 긴 날이야. 작은 설로 부르기도 하는데 우리가 설날에 떡국을 먹으면 1살 더 먹는다고 말하는 것처럼, 동지에도 팥죽을 먹으면 1살 더 먹는다고 생각하는 사람들도 있지.”라며 자세하게 설명해 주었다. 그러자 지운이가 “밤이 가장 긴 날이면 잠 많이 잘 수 있어서 좋겠다.”라며 재미있다는 듯이 웃음을 지어 보였고, 윤재도 “그래.”라며 덩달아 웃었다.

“그런데 동지에 왜 팥죽을 먹어요?”라며 아이들은 동지에 팥죽 먹는 이유에 대해 궁금해하였다. 윤후는 “팥죽에 팥은 나쁜 기운을 몰아내고, 찹쌀로 만든 새알심은 가족의 단합과 풍요를 나타내지. 팥죽을 먹으면서 겨울철 건강을 기원하며 가족과 함께 소중한 시간을 보내며 평안한 새해를 기원해 보는 거래.”라며 팥죽 그림책을 아이들에게 읽어 주었다. 그러자 아이들은 우리도 동지에 팥죽을 만들어 먹자고 하였고, 다가오는 동지에 먹기로 하였다.

몸과 마음을 채우는 한 그릇

“동지는 밤이 가장 길고 낮이 가장 짧은 날이래.”라며 보정이가 동생들에게 동짓날에 대해 알려 주는 모습을 본 서현이도 “동짓날에 먹는 팥죽은 겨울을 건강하게 나고 새해를 잘 맞이하게 도와주는 거래.”라며 동짓날 먹는 팥죽에 관해 이야기해 주었다. 언니들이 동짓날과 동짓날에 먹는 팥죽에 관한 이야기를 들려주자, 귀 기울이며 집중하는 동생들의 모습이 사뭇 진지하였다.

본격적으로 동지팥죽에 들어갈 새알을 빚기 위해 찹쌀 반죽이 준비되었고, 세민이는 “하얗다.”라며 이리저리 살펴보았다. 유하는 반죽을 손으로 만져보며 “말랑말랑하다.”라고 하였고, 이를 본 다른 아이들도 유하처럼 반죽을 만져보았다. 시윤이가 “동글동글하게 만들거예요.”라며 열심히 동그란 반죽을 만드는 동안 다인이는 “동그랗게 잘 안되고 잘 부서지는 것 같아.”라며 시윤이가 만든 것과 비교해 보았다. “지난번에 송편 만들 때도 이렇게 동그랗게 만들었잖아.”라며 추석 때 만든 송편이 기억난 지환이가 말하자, 아라가 “송편 반죽은 엄청 쫀득쫀득했는데 이 반죽은 그것만큼 쫀득쫀득하지는 않아.”라며 반죽의 느낌이 다르다는 것을 이야기하였다. 그래서 교사는 “송편 반죽은 익힌 것이고, 새알심 반죽은 익히지 않은 거라서 찰기가 다를 거야.”라며 서로 다른 이유를 알려 주니, 이해했는지 고개를 끄덕였다.

“이거 봐라. 엄청 많다.”라며 자랑스럽게 자기가 빚은 새알심을 보여주며 자랑스러워하는 아이들을 향해 교사는 "정말 열심히 하였구나. 우리가 만든 것을 모아 팥죽을 끓여볼까?"라고 하자, 아이들은 고개를 끄덕이며 자기가 만든 새알심을 큰 그릇에 옮겨 담았다. "우와, 더 많아졌어요."라며 아이들은 서로를 바라보며 웃었다.

완성된 팥죽을 본 아이들이 "우와, 팥죽이 완성되었다", "우리가 만든 새알심으로 만든 팥죽이다."라며 반가워하였다. 지운이는 "어서 먹어보자."라고 하며 먹고 싶었던 팥죽을 먹게 되어 굉장히 좋아하였고, 아린이도 "맛있겠다."라며 기대하는 표정을 지었다.

"팥죽이 엄청나게 고소하고 따뜻해."

"팥죽 한 그릇 먹으니 춥지 않아."

"쫄깃쫄깃한 새알심을 먹으니 엄청나게 배도 부르다."

"동짓날 팥죽을 먹었으니 올 한해 건강하고 편안하게 겨울을 보낼 수 있을 것 같아."

팥죽을 먹어본 지운이와 아린이가 만족스러운 표정을 보였고, 다른 아이들도 호기심을 가지며 맛을 보았다. 팥죽을 먹는 아이들은 저마다 따뜻하고 건강한 겨울을 보낼 수 있을 것 같다는 나름의 기대를 안고 있는 듯 보였다. 비록 팥죽 한 그릇이지만, 그 속에 담긴 마음은 그 이상일 것이다.

이렇게 만들어요
동짓팥죽

준비하기 팥, 찹쌀가루, 소금, 물, 새알심, 냄비 등

만들기
1. 6시간 정도 불린 팥을 1, 2차에 나눠 삶는다.
2. 찹쌀가루에 물을 넣어 반죽하여 동글동글한 새알심을 만든다.
3. 새알심을 삶은 후 찬물에 담가둔다.
4. 푹 삶은 팥을 갈은 후 끓이다가 찹쌀가루를 넣어 농도를 조절한다.
5. 팥죽에 삶아 놓은 새알심을 넣고 끓이다가 새알심이 떠오르면 그릇에 담아낸다.

TIP 우리 조상님들은 애동지(음력 11월 초순)에는 아이들에게 좋지 않다고 해서 팥죽 대신 시루떡을 먹었다고 한다.

새해 복 많이 받으세요

"우리 집은 설날에 시골 할머니 댁에 갈 거야."하고 겸이가 이야기하자, 지운이가 "나도 엄마랑 아빠랑 누나랑 할머니, 할아버지 보러 갈 거야."라며 설레는 듯 웃어 보였다. 친구들의 대화를 듣던 보미가 "설날이니까 세배해야겠네."라고 하자 다른 아이들도 "맞아, 오늘 입은 한복 입고 할머니랑 할아버지랑 친척들한테 세배해야지."라고 하였다. 교사는 "오늘 원장님께 세배하는 방법을 잘 배워서 설날에 어른들께 '새해 복 많이 받으세요'하고 세배해 보자."라며 아이들에게 이야기하였고, 아이들은 모두 웃으며 큰 목소리로 대답하였다.

설날 당일, 한복을 입은 아이들을 본 원장님은 "평소에도 다들 너무 예쁜데 한복을 입고 있으니 더 예쁘구나."라며 웃었고 아이들은 한복을 입은 서로의 모습을 바라보며 미소를 지었다. 원장님과 함께 설 명절의 유래와 의미에 대해 알아본 다음 세배하는 방법을 배워 보았다. 아이들은 원장님께 배운 대로 두 손을 모아 의젓하게 세배를 한 뒤 "새해 복 많이 받으세요."라고 인사하였다. 그러자 원장님은 "너희들도 새해 복 많이 받고 항상 건강하렴."하며 덕담을 해 주셨다. 윤후는 "원장님, 오늘 세배 배웠으니 설날에 할머니랑 할아버지한테 세배할 거예요."라며 수줍게 말하였다. 이를 들은 다른 아이들도 "저도요, 저도요."하며 설날에 세배를 드리겠다는 확신에 찬 대답을 했다. "너희들의 세배를 받는 모든 분들은 새해 복도 많이 받고 건강하실 거야."라며 대견한 듯 웃으시는 원장님의 목소리와 표정에 아이들은 뿌듯한 마음을 한 아름 얻을 수 있었다.

● 만두, 복을 빚어요

설날에 먹는 음식에 관해 알아보던 중에 겸이는 "설날에 떡국 먹잖아."라고 이야기를 하였다. 그러자 아이들은 "내가 좋아하는 음식인데."라며 매우 반가워하였다. 수인이가 "우리 집은 설날에 만두를 만들어 먹어."라고 하자 "만두도 맛있겠다."라며 아이들은 초롱초롱한 눈빛을 보냈다.

교사는 아이들에게 "설날에 먹는 만두는 복주머니 모양을 닮았다고 하여 새해 '복'을 기원하며 즐겨 먹었다고 해."라며 만두의 의미를 알려주었다.

"맞아, 만두 모양이 주머니같이 생겼어."
"주머니 안에 복이 들어가 있나 봐."
"우리도 설날을 맞이하여 복 만두를 빚어 먹어봐요."

선생님의 이야기를 듣고 아이들은 한참 동안 만두의 모양을 보며 이야기를 나누었다. 그리고 곧 만두를 만들어 먹어 보기로 약속하였다. 그리고 만두를 빚기로 한 날, 부추, 파, 숙주, 두부, 고기, 당면 등 만두 속에 넣기 위해 준비된 재료를 발견한 보미와 소미는 갑자기 깜짝 놀란 표정을 지으며 말했다.

"만두 속에 이렇게 많은 재료가 들어가요?"

"생각했던 것보다 재료가 많다."

만두를 만드는 방법을 알아본 아이들이 주어진 재료를 잘라보고 조물조물 으깨어 본 후 만두소를 만들어 보았다. 이어 밀가루를 반죽해서 밀대로 밀어 만두피를 만든 후 속을 채우고 테두리에 물을 발라 접어서 꾹꾹 눌러 주었다. 윤재는 호기심 가득한 얼굴로 "이거 어떻게 만드는 거예요?"라고 물으며 자신이 만든 만두를 교사에게 들어 보이며 물었다. 교사는 "네가 만들고 싶은 대로 자유롭게 만들어 보는 거야."라며 웃으며 말하였다. "나는 동그랗게 만들어 볼 거야."라며 가빈이가 동그란 모양의 주머니 만두를 만드는 모습을 본 아이들은 "난 어떤 모양으로 만들까?"하고 고민하였다. 그러자 지한이가 한마디 했다.

"너희들이 만들고 싶은 대로 자유롭게 만들어 보면 된다고 했잖아.

중요한 건 복을 기원해 보는 거지."

아이들은 지한이의 말에 "그렇지." 라고 대답하더니 반달 모양, 주머니 모양, 네모 모양 등 자유롭게 만두를 만들었다. 열심히 만들던 중 갑자기 "어떡해."하는 지운이의 한숨 섞인 목소리가 들려왔다. 윤후는 의아한 표정으로 "왜 그래?"라고 하더니 지운이를 바라보았다. 그러자 지운이는 "만두가 터져 버렸어."라며 터진 만두를 보여주고는 어색한 웃음을 지었다. 교사는 "만두피가 너무 얇았을 수도 있고, 만두소를 너무 많이 넣어서 그럴 수도 있어."하고 아이들에게 알려준 뒤 터진 만두를 다시 오므라지게 도와주며 터지지 않게 만두를 빚는 방법을 알려주었다.

복을 기원하는 마음을 담아 열심히 만두를 빚은 아이들이 이내 주어진 재료를 모두 소진하며 만두를 완성해 보았다.

"우와, 이것 봐. 만두 다 빚었다."

"우리가 복을 담았으니까 복 만두야."

"같이 만드니까 빨리 만들 수 있었다."

아이들은 모두 자신들이 빚은 만두를 자랑스럽게 바라보며, 뿌듯해하였다. 그리고 함께 만드는 즐거움도 충분히 느껴 보았다. 겸이는 가족이 생각났는지 "내가 만든 만두, 집에 가지고 가서 엄마, 아빠, 누나랑 같이 먹을래요."라며 자신이 만든 만두를 정리하며 말했다. 그래서 아이들이 만든 만두는 사랑하는 가족들과 함께 복을 나눌 수 있도록 집에 가져가기로 하였다.

이렇듯 아이들과 설날을 맞이하여 함께 만두를 만들어 보면서, 가족의 복을 기원하는 따뜻한 마음을 나눌 수 있었다. 만두 속에서 채소와 고기 등 다양한 재료가 어우러져 하나의 맛을 이루는 것처럼, 아이들의 마음에도 가족을 향한 따뜻한 마음을 함께 모으는 경험을 하였다. 또한 내 손으로 직접 만든 만두가 어떤 맛일지 기대하는 동안 음식에 대한 애정과 감사의 마음도 자라나고 있었다.

● 추워도 든든하니 따뜻해요

모락모락 김이 올라오는 만둣국을 본 아이들은 "맛있겠다.", "뜨끈해 보여."라며 만둣국에 큰 관심을 보였다. 한 그릇씩 만둣국을 담아주니 세민이가 "음, 냄새가 너무 좋은데."라며 만둣국의 냄새를 맡으며 만족스러운 듯한 표정을 지었다. 만둣국 국물을 한입 맛본 수정이가 "우와, 국물이 엄청 맛있다."라며 감탄을 하니 지혜도 이내 국물을 떠먹으면서 "따뜻해서 너무 좋다."라며 행복한 표정을 지었다. 동주는 "나는 만두를 한번 먹어 볼게."라며 한입 먹자, 서희는 "맛이 어때?"라며 궁금한 듯 물었다. 동주가 "맛있다. 너도 먹어봐."라고 하자 서희도 만두를 먹으면서 "엄청 맛있네."라며 눈이 동그래졌다. 다른 아이들도 만둣국을 먹어보기 시작했다.

"뜨끈한 국물을 먹으니, 하나도 안 추워."

"추운 겨울에 따뜻한 국물을 먹으면 손이 든든해져."

"만두가 커서 그런가 하나만 먹었는데도 엄청 배부르다."

"만두소에 들어간 재료가 여러 가지이고 양도 많아서 하나만 먹어도 배부른 거야."

따뜻한 국물은 지한이의 추위를 녹여주었고, 윤후도 마찬가지였다. 만두가 크고 양이 많아서 그런지 동주와 서희는 배부르다면서 만족스러운 표정을 지었다. 교사는 "만두같이 든든하고 영양 가득한 음식을 먹으면, 날씨가 추워도 겨울을 건강하고 행복하게 보낼 수 있을 것 같다, 그치?"라고 아이들에게 이야기하였고, 아이들은 고개를 끄덕이며 맛있게 만둣국을 먹었다. 만둣국 한 그릇에 교실에는 웃음꽃이 활짝 피었고, 추운 겨울날 몸을 따뜻하게 할 수 있었다. 따뜻해지는 몸만큼이나 마음도 따뜻하고 너그러워지는 듯 했다.

이렇게 만들어요

만두

준비하기 밀가루, 물, 만두소 재료(돼지고기, 숙주, 부추, 두부, 당면 등), 소금, 후추, 참기름, 찜기 등

만들기

1. 밀가루와 물을 섞어 만두피를 만든다.
2. 돼지고기, 숙주, 부추, 두부, 당면 등을 자르고 으깨어 만두소를 만든다.
3. 만두피에 만두소를 넣은 후 접어 여러 가지 모양의 만두를 빚는다.
4. 찜기에 찌거나 끓는 물에 삶아 익힌다.

TIP 얇고 쫀득한 만두피는 밀가루에 물을 조금씩 넣으면서 치대는 것이 중요하다.

달 달 무슨 달 쟁반같이 둥근 달

겸이는 "어젯밤에 아빠랑 놀이터에 놀러 나왔는데 달이 엄청나게 컸어요."라며 자기가 간밤에 본 달에 관해 이야기하였다. "형아, 달이 얼마나 컸어?"라며 윤재가 달에 대해 궁금해하자 겸이는 "완전 동그랗던데."라며 자기가 본 달의 모습을 설명해 주었다. 그러자 지한이도 "보름달이었어?"라고 물었고, 겸이는 "보름달처럼 완전 동그랗더라."라고 말해 주었다. 그 이야기를 듣던 어떤 아이들은 "달달 무슨 달 쟁반같이 둥근달~"하고 달 노래를 부르며 웃기도 했다. 교사가 "이제 곧 정월대보름인데, 정월대보름에 보름달이 뜨니까 어제 떴던 달도 완전 동그랗게 보였을 거야."라고 하자 아이들은 "정월대보름은 무슨 날이에요?"라며 물어보았다.

"정월대보름은 음력으로 1월 15일인데, 설날 이후 처음 맞이하는 보름이라서 정월대보름이라고 하지. 정월대보름에 흔히 달맞이하면서 한해의 풍요와 희망을 기원하기도 하고 쥐불놀이, 달집태우기 등을 하면서 한해의 건강과 평안을 기원하기도 하였대."라며 지한이가 정보를 탐색하여 아이들에게 정월대보름에 대해 읽어 주었다. 이에 보미가 "나도 이전에 보름달 보면서 달한테 소원을 빌어 보았어."라며 달에 소원을 빌었던 기억을 이야기하자, 다른 아이들도 "나도 보름달에 소원 빌어봤다."라고 이야기를 하며 자신들의 경험을 나누었다.

윤후는 "식단표에 보면 정월대보름이 있는 날에 부럼이 간식으로 되어 있던데, 우리 부럼이 뭔지 알아보자."라며 씩씩하게 의견을 내었고, 다른 아이들도 그러자며 동의를 하였다. 부럼에 대한 정보를 찾은 윤후가 "우리 조상님들은 정월대보름에는 부럼, 오곡밥, 나물 등의 음식을 먹으면서 한 해 동안 건강을 기원했는데 특히 부럼은 땅콩, 잣, 호두 등의 견과류로 부럼을 먹으면서 부스럼 같은 피부병을 예방하고 치아를 튼튼하게 하였대."라며 아이들에게 읽어 주자, 모두 윤후의 목소리에 집중하는 모습을 볼 수 있었다. 그리고는 "정월대보름이 되면 우리도 달님한테 소원도 빌어보고 부럼이랑 오곡밥, 나물을 먹으면서 건강을 기원해 보자."라며 아이들은 정월대보름을 기다리게 되었다.

달님, 제 소원을 들어주세요.

"얘들아, 저기 봐. 여기에 달이 떴어."

원의 한 공간에 마련된 달을 발견한 아이들은 반가움에 "♬달 달 무슨 달 쟁반같이 둥근 달~"하고 노래를 부르기도 하고 달 곁에 다가가 이리저리 보고 만지며 탐색해 보기도 하였다. 그러더니 "정월대보름 달인가 봐."라며 이전 시간에 알아본 정월대보름 명절과 보름달을 기억한 아이들이 정월대보름 달에 관해 이야기꽃을 피웠다. 이어 아이들이 "우리 달님한테 소원을 빌어보자."라며 정월대보름 달님에게 소원을 빌기 위해 달 곁으로 한명 두명씩 몰려들었다.

"달님, 저는 공룡 장난감이 갖고 싶어요."

"저는 자동차 장난감이요."

"소원은 마음속으로 비는 거야."

윤재는 달 앞에서 두 손 모아 소리 내어 자기 소원을 빌었고, 지운이도 마찬가지로 두 손 모아 소리를 내며 자신의 소원을 빌었다. 그러자 보미는 소원은 마음속으로 빌어야 한다며 자신은 달을 보며 잠시 눈을 감더니 말없이 소원을 빌었다. 이를 본 다른 아이들은 "보미 소원은 뭘까?"라고 궁금해하며, 자신들도 말없이 달님에게 소원을 빌어보았다. 소원을 간절하게 비는 아이들의 모습을 본 교사가 "말로 빌어보는 친구들의 소원도, 마음속으로 빌어보는 친구들의 소원도 달님이 모두 듣고 잘 들어주실 거야."라고 말하니, 아이들 모두 기분 좋게 웃었다.

풍요와 건강을 기원해요

"땅콩이야."라며 세민이가 접시에 담긴 땅콩을 가리키자 지한이가 "정월대보름에는 땅콩, 호두 같은 견과류를 부럼으로 먹으면서 건강을 기원했대."라며 정월대보름에 먹는 부럼에 대해 세민이에게 설명해 주었다. 지한이의 설명을 들은 세민이가 갑자기 "이 땅콩 먹으면 건강해져?"라며 진지하게 물었고, 지한이는 "정월대보름에 먹는 부럼은 부스럼도 안 생기게 도와주고 이빨도 튼튼하게 도와준대."라고 하였다.

견과류를 발견한 아이들은 손으로 만져보기도 하고 냄새도 맡아보면서 자유롭게 탐색해 보았다.

"냄새가 고소해요."

"호두 껍질은 엄청 딱딱하다."

"호두는 동그랗게 생겼는데 땅콩은 옆으로 길게 생겼다."

땅콩을 먹은 아린이가 "고소해요."라고 하자, 준우도 땅콩을 집어 먹으며 "맛있다."라고 말하였다. 땅콩을 먹으려고 껍질을 까려는 지원이는 껍질이 잘 안 까진다며 땅콩을 들고 이리저리 흔들어 보였다. 그러자 윤후가 "내가 도와줄게."라며 땅콩 껍질을 벗겨 다시 건네었고, 지원이는 맛있게 먹었다. 그리고는 "고마워, 형아."라며 인사를 하니, 윤후도 "맛있게 먹어."라며 기분 좋게 웃어 보였다.

아이들은 서로를 향해 미소를 지으며, 행복한 겨울의 한 자락을 보낼 수 있었다. 맛있게 부럼을 먹는 아이들은 아마도 '오늘 달님한테 소원도 빌어보았고 부럼도 먹어 보았으니, 올해도 건강하게 잘 보낼 수 있을 거야.'라는 희망찬 바람을 갖고 있을 것이다. 부럼은 건강을 기원하는 음식이라는 상징성도 갖고 있지만, 여러 사람이 함께 부럼을 나눠 먹으며 한해의 안녕을 기원하는 등 공동체적 의미도 강했다. 이에 새로운 해의 첫 보름이 되어 먹는 음식을 통해 건강한 삶을 살고자 했던 우리 조상의 지혜를 아이들이 배울 수 있는 소중한 시간이 될 수 있을 것이다.

세엣

식육, 우리의 손길로 심고 만든다

밥상에 놓인 한 숟가락의 밥은 단순히 곡식알이 아니다. 그 속에는 봄의 햇살과 여름의 장맛비, 가을의 황금 들녘, 농부의 구부러진 허리와 손끝의 땀이 함께 담겨 있다. 아이들이 매일 마주하는 밥 한 그릇은 자연과 사람, 계절과 기다림이 함께 빚어낸 선물이었다.

처음 텃밭을 시작했을 때, 흙을 더럽다며 손끝조차 대지 못하던 아이가 있었다. 그러나 시간이 흐르자, 누구보다 먼저 물뿌리개를 들고 달려왔고, 어느 날 작은 손으로 흙을 움켜쥔 채 코끝에 가져다 대더니 "맛있다."라고 말했다. 어른들의 귀에는 서툴고 엉뚱하게 들릴 수도 있었지만, 그 순간만큼 아이들에게 흙은 단순한 흙이 아니었다. 아이들은 흙을 자신에게 친근한 무언가로 받아들이고 있었고, 흙 속에서 자라날 생명을 마음으로 느끼고 있었다.

점심시간이 되면 아이들은 식사 기도 노래를 불렀다. "♬ 해님, 땅님, 농부 아저씨, 생명의 밥상을 차려주시고…" 아직 글자를 다 알지 못하는 아이들의 목소리였지만, 그 노래에는 고마움과 따뜻한 감사함이 가득 담겨 있었다. 밥 한 알에 담긴 수많은 손길과 보이지 않는 수고를, 아이들은 노래로 받아들이고 있었다.

음식은 먹는 것만이 다가 아니지

흙을 만지며 시작하는 배움

음식은 단순히 먹는 데서 끝나지 않는다. 영유아교육 현장에 서면 그 사실을 더욱 또렷하게 느낄 수 있다. 아이들이 매일 마주하는 밥상에는 눈에 보이지 않는 시간이 고스란히 담겨 있다. 씨앗을 뿌리고, 흙을 만지고, 물을 주며 기다리는 손길, 바람과 햇살을 견뎌낸 계절, 그리고 그것을 함께 나누는 순간들이 한 그릇의 밥에 깃들어 있다.

봄이 오면 마당 텃밭에 작은 손들이 모여 흙을 고르고 씨앗을 심을 때, 아이들은 이미 먹거리가 어디에서 오는지 배워 가고 있다. 물을 주려고 햇볕을 기다리며 매일 자라나는 새싹을 보러 달려가는 아이들의 얼굴에는 설렘이 가득하다.

어느 날은 "선생님, 오늘은 키가 손가락만큼 컸어요!"라며 자랑하고, 또 어느 날은 "내가 심은 상추는 제일 빠른 것 같아요!"라고 말한다. 이런 자랑은 아이들이 씨앗과 함께 자라고 있다는 모습이었다. 텃밭에서 가꾼 채소를 수확해 무쳐 먹는 날, 아이들은 처음으로 자기 손으로 기른 것을 맛보았다. 입안 가득 번진 것은 단순한 맛이 아니라 '키움'으로 얻는 맛이었다.

가을이 되면 어린이집은 또 다른 풍경으로 채워진다. 된장을 담그고, 김장을 하고, 계절마다 다른 청을 만드는 날이 오기 때문이다. 아이들은 작은 손으로 메주를 빚으며 "내 거는 폭신폭신 빵 같아요!"하고 들뜬다. 장독대 앞에 서서 "언제 된장이 돼요?"라고 묻는 아이에게 교사는 "봄, 여름, 가을, 겨울을 다 지나야 해."라며 이야기해 주었다. 계절은 그렇게 흘러야만 하고, 그 기다림 속에서 음식은 천천히 완성된다. 또 아이들은 그 과정을 곁에서 지켜보며 서두

르지 않는 인내의 시간을 배운다.

김장 날은 아이와 어른이 함께 어울리는 잔칫날이다. 아이들은 빨갛게 물든 양념에 손을 넣어 배추를 버무리며 "이건 엄마 줄 거예요!", "우리 아빠는 김치를 제일 좋아해요!"라며 가족을 떠올린다. 손끝에 매운 양념이 묻어도 개의치 않고 한 포기 한 포기에 마음을 채워 넣는다. 어른들의 손길이 곁에서 이어지고, 아이들은 그 모습을 어깨너머로 보며 김치가 정성과 기다림 속에서 익어간다는 것을 배운다. 말로 가르치지 않아도, 손끝에서 이어지는 일상의 지혜가 아이들의 마음에 스며든다. 그렇게 김장은 아이들의 손끝에서 계절을 잇는 배움이 되었다.

여름이면 매실청을, 겨울이면 청귤청을 담그며 병 속에서 차곡차곡 쌓이는 시간의 맛을 함께 배우기도 한다. 매실을 설탕과 번갈아 담으며 "선생님, 사탕 냄새 나요!"라며 신기해하는 아이, 청귤을 꿀에 재우며 "이거 먹으면 감기 안 걸리죠?"하고 묻는 아이의 눈빛 속에는 계절의 향기가 담겨 있다.

이런 경험은 텃밭과 장독대에만 머물지 않는다. 봄에는 논에 들어가 모내기를 하고, 가을에는 황금빛 들판에서 벼를 베며 추수를 경험한다. 교실 안에서는 손끝놀이와 작은 요리 활동이 이어지고, 아이들은 놀이 속에서 자연과 먹거리의 소중함을 배운다. "내가 키운 채소, 친구랑 같이 먹을래요."라는 말 한마디 속에는 나눔과 공동체의 마음이 고스란히 담겨 있다.

이렇듯 영유아교육기관에서 이루어지는 식육은 먹는 것 이상의 교육이다. 아이들은 흙을 만지고, 기다리고, 나누고, 함께 하며 음식의 참된 의미를 배운다. 그것은 단순한 체험을 넘어, 아이들의 삶에 오래도록 남아 그들의 마음과 배움을 키워 주는 소중한 시간이 된다. 한 끼의 밥에는 계절과 사람이 함께 자라난다.

이 반찬 어디에서 왔어요?

점심시간, 교실 안에는 밥 냄새와 아이들의 웃음소리가 뒤섞여 있었다. 따끈한 밥이 놓이고, 나물 반찬이 고요히 그 자리를 지키고 있었다. 그 순간 작은 손이 슬며시 올라왔다.

"선생님, 이 반찬은 어디에서 왔어요?"

순간 교실이 잠시 멈춘 듯 고요해졌다. 아이들의 눈길은 접시에 놓인 나물로 향했다. '우리 텃밭에서 난 걸까?'하는 듯한 반짝이는 눈빛이 곳곳에서 보였다. 아이들이 던진 작은 질문 하나는, 음식이 우리에게 오기까지 어디에서 왔는지 누구의 손길을 거쳤는지를 생각하게 하였다.

며칠 전, 아이들은 텃밭에서 토마토를 수확했다. 평소 토마토를 잘 먹지 않던 한 아이가 그날은 쑥스러운 듯 웃으며 토마토를 들고 와서는, 조심스럽게 한입 크게 베어 물었다. 왜 그랬을까. 무슨 자신감이었을까. 놀랍기도 했고, 궁금하기도 했다.

"내가 키운 거니까 먹어 볼래요."

아이에게 이 토마토는 그냥 토마토가 아니었다. 내가 정성껏 키운, 나의 땀과 노력이 담긴 나에게 즐거움과 행복을 준 토마토였다. 누군가에게는 별것 아닐 수도 있지만, 이 아이가 맺은 토마토와의 인연은 음식이 단순히 '먹는 것'만을 의미하지 않음을 보여 주었다. 그 안에는 자기 손길이 닿은 '이야기'가 담겨 있는 것이었다.

또한 원에서는 매 끼니마다 그릇을 비우는 감사를 실천했다. 처음에는 음식을 남기는 아이들이 많았다. 밥 한 숟가락이 남기도 하고, 반찬이 접시 한쪽에 밀려 있기도 했다. 하지만 교사들은 늘 아이들의 눈높이에서 말했다. "다 못 먹을 것 같으면 미리 덜어 놓아도 돼. 네가 먹을 수 있는 만큼만 담아 보자."라고 말이다. 그러는 과정을 반복하면서 아이들은 조금씩 자신이 먹을 수 있는 양을 가늠하는 법을 배워 갔다. 남기는 양이 줄어든 어느 날, 조리사 선생님이 웃으면서 아이들에게 "오늘은 남은 음식이 거의 없네요. 맛있게 먹어 줘서 고마워요."라고 말했다. 아이들은 서로의 그릇을 번갈아 보며 완밥을 자랑하듯 빈 그릇을 들어 보였다.

"저는 다 먹었어요!"

아이들의 그 말속에는 식사를 끝냈다는 만족감 뿐만 아니라, 작은 생명을 끝까지 존중했다는 기쁨이 담겨 있었다. 이는 생명의 밥상을 남김없이 먹기 위한 긴 노력의 결과이기도 했다. 그래서 스스로에 대한 대견함과 감사한 밥상에 대한 존중까지 복합적인 마음이 담겨 있는 듯했다.

간식으로 조금 '못생긴' 사과가 나온 날, 반듯하고 매끈한 모양에 익숙했던 아이들은 접시 위의 사과를 보자 고개를 갸웃했다. 그러다 한 아이가 꼭 비밀 이야기를 꺼내듯 조심스럽게 물었고, 교사는 친절하게 답해주었다.

"왜 이 사과는 아파요?"
"이 사과는 아픈 게 아니라 진짜 건강한 사과란다.
벌레도 먹고 싶을 만큼 좋은 거라서 그래."

아이는 눈을 크게 뜨고 다시 사과를 바라보았다. 곧 용기를 내어 한입 크게 베어 문 순간, 아삭한 소리와 함께 입안 가득 달콤한 맛이 퍼졌다. "못생겨도 맛있지?"라고 묻자, 아이는 "선생님, 이 사과가 더 맛있어요!"라며 웃었다. 사과의 모양은 조금 달랐지만, 그 속에 담긴 맛은 오히려 더 진하고 깊었다.

아이들이 경험하는 이 모든 순간은 결국 하나의 진리로 이어졌다.

음식은 입에 넣는 순간 완성되는 것이 아니라, 흙에서부터 밥상까지 이어지는 긴 여정 속에서 아이들의 몸과 마음을 키워 내고 있었다. 또 일상 속에서 이어지는 다양한 식육을 통해 아이들은 삶을 배워가고 있었다.

텃밭에서 채소를 직접 가꾸고

배추에도 꽃이 있네요

가을에 심은 배추와 무를 두고 교사들은 왜 수확하지 않느냐고 물었다. 겨울을 건너온 봄, 그 대답은 텃밭에서 스스로 드러났다. 봄 햇살에 흔들리며 피어난 노란 배추꽃은 유채꽃을 닮아 환하게 빛났고, 그 옆에는 흰빛 속에 보랏빛이 은은히 번지는 무꽃이 바람 따라 고운 자태를 드러내고 있었다. 아침마다 부모들은 그 모습을 사진으로 담으며 감탄했지만, 정작 무슨 꽃인지 알지 못해 그저 "예쁘다."라는 말만 나왔다. 그때 교사가 다가가 알려주었다.

"이건 배추꽃이고, 저 옆은 무꽃이에요."

"정말 배추에도 꽃이 있네요!"

"유채꽃인 줄 알았어요."

유채꽃이 봄을 대표한다고만 생각했지만, 배추꽃과 무꽃 역시 그 못지않은 빛깔로 봄을 채우고 있었다. 노란빛, 흰빛, 보랏빛이 어우러져 텃밭은 마치 봄의 색이 겹겹이 쌓여 펼쳐진 한 장의 풍경화처럼 다가왔다. 채소를 단지 먹거리로만 보던 익숙한 시선은 서서히 흔들리며 새로운 빛깔을 품어냈다.

작은 씨앗 하나가 다시 흙 속으로 돌아가 싹을 틔우고, 그 싹이 자라 또다시 꽃을 피우는 과정을 곁에서 지켜보는 경험은 수확의 기쁨과는 다른 울림을 주었다. 봄날 텃밭의 꽃은 아이와 부모 모두에게 뜻밖의 봄 선물이 되어 주었다.

어제보다 키가 커졌어요!

아이들의 목소리로 시작되는 아침은 언제나 활기가 넘친다. 올해 봄 우리 원 텃밭에 상추와 방울토마토, 고추, 가지, 부추, 감자를 심었던 날을 떠올려 본다. 마당의 작은 텃밭은 아이들의 또 다른 교실이다. 봄이 오면 아이들은 작은 삽을 들고 흙을 파며 씨앗을 심는다. "내 씨앗은 언제 눈 뜨지요?"라는 질문에, 선생님은 미소 지으며 "햇살이랑 물이 도와주면 곧 싹이 튼단다."하고 대답하였다. 그 대화 속에서 아이들은 생명의 탄생을 기다리는 법을 배운다.

매일 아침 산책길에 물을 주고 오는 아이들의 발걸음은 가벼웠다. 하루가 다르게 자라는 새싹을 보며 "어제보다 키가 커졌어요!"하는 소리에 교실은 웃음으로 채워졌다. 수확의 날, 아이들이 직접 따낸 채소와 과일이 밥상 위에 올라왔다. "내가 기른 상추예요!"라며 수줍게 내미는 아이들의 손끝에는 뿌듯함이 가득했다.

아이들은 작은 삽과 물뿌리개를 손에 쥐고 텃밭으로 모였다. "제 씨앗이 제일 빨리 자랄 거예요. 우리 집 강아지만큼 빨리 크면 좋겠어요!"라고 말하는 아이들의 목소리에는 설렘이 담겨 있었다. 작은 씨앗 하나가 흙 속에 묻히는 순간, 마치 아이들의 마음속에도 봄의 약속이 심겨지는 듯했다. 며칠이 지나 작은 초록빛 싹이 고개를 내밀었을 때, 그것을 가장 먼저 발견한 아이는 외쳤다.

"싹이 났어요! 어제보다 커졌어요!"

아이들은 서로를 불러 모아 손가락으로 싹의 키를 재고, 마치 작은 생명의 탄생을 목격한 듯 기뻐했다. 그날 텃밭은 아이들의 배움터가 되었다. 그러나 기적은 언제나 쉽게 오는 것만은 아니었다. 장대비가 쏟아지던 날, 창밖을 내다보던 아이가 걱정스레 말했다. "우리 채소가 다 젖으면 어떡해요?"라는 그 말은 곧 아이들에게 큰 걱정거리로 다가왔다. 잠시 뒤 우산도 챙기지 않은 채 아이들은 비닐을 들고 텃밭으로 달려 나갔다. 흙탕물이 발목을 감싸고, 빗물이 얼굴을 타고 흘러내렸지만, 우리의 채소를 지키겠다는 아이들의 눈빛은 단단했다.

"걱정 마, 내가 지켜줄게!"

작은 채소들을 지키려는 그 모습에, 교사들은 아이들의 용기를 지켜주고 싶었다. 그래서 아이들과 함께 비닐을 단단히 고정하고, 젖은 채소 잎을 살피며 "우리 채소는 비를 맞으면 더 튼튼해질 거야."라고 다독였다. 또 어떤 교사는 아이들의 작은 손을 잡으며 "비 오는 날은 흙이 더 좋아서 채소들이 더 잘 자라."라고 속삭였다. 아이들은 그 말을 듣고 안도하듯 고개를 끄덕이며 다시 한번 채소를 보듬었다.

빗속의 텃밭은 아이들이 자연을 지키려는 마음과 교사들의 따뜻한 손길이 만나, 생명을 지켜내는 법을 배우는 살아 있는 공간이었다.

때로는 부드럽게 자연과 어울리고 때로는 치열하게 자연을 지키면서 살아가는 아이들은, 지금도 생명과 더불어 살아가는 경험을 차곡차곡 쌓아가는 중이다.

이건 제가 기른 거예요! 엄청 맛있죠?

감자의 보물찾기와 기다림의 밥상

여름 햇살이 한창 뜨겁게 내리쬐던 날, 아이들은 작은 삽을 들고 텃밭으로 향했다. 흙을 파낼 때마다 검은 흙 사이에서 동글동글한 감자가 얼굴을 내밀었고, 아이들은 마치 오래 기다린 보물을 찾은 듯 환호성을 터뜨렸다.

"와, 알이 숨어 있었어요!"
"이건 아기 감자, 이건 엄마 감자,
이건 아빠 감자."
"이건 동그라미 감자, 이건 달걀 감자!"

아이들은 손에 쥔 감자를 들어 보이면서, 그리고 크기가 제각각인 감자를 늘어놓으며 가족을 빗대어 웃음을 터뜨리기도 하였다. 그날의 텃밭은 작은 놀이터이자 보물 창고였다. 아이들은 감자의 크기와 모양을 비교하며 저마다의 언어로 표현을 이어갔다. 단순한 수확이 아니라, 언어와 상상력이 흙 위에서 피어나는 순간이었다.

수확한 감자는 곧 점심 준비로 이어졌다. 아이들은 작은 바구니를 들고 달려와 세척통 앞에 섰다. 물을 틀자 감자 위로 흙물이 흘러내렸고, 아이들의 손은 작은 솔처럼 분주히 움직였다.

"감자가 목욕해요!"

"처음보다 하얘졌어요!"

아이들은 열심히 감자를 문지르며 목욕한다고 외쳤고, 손끝으로 매끈해진 껍질을 쓰다듬으며 신기해했다. 아이들에게는 감자를 씻는 과정마저 놀이였다. 그렇지만 아이들이 씻어 낸 감자는 여전히 흙투성이 껍질을 두르고 있었다. 보통 어른들이 감자칼로 능숙하게 껍질을 벗기곤 했지만, 이날은 특별히 아이들의 손에 직접 숟가락을 쥐여주었다. 작은 손에 들린 숟가락이 때로는 미끄러지고, 때로는 감자의 굴곡을 따라 천천히 움직였다.

"와, 껍질이 벗겨졌어요!"

"감자가 점점 하얘져요. 이제 목욕 다 했어요."

한참을 문지르던 아이가 환하게 웃으며 말했고, 옆에 있던 또 다른 아이는 감자의 굴곡을 따라 숟가락을 돌리며 말했다. 점차 깨끗한 감자로 탄생하는 순간이었다. 이렇게 하얘진 감자의 모습은 마치 환하게 웃는 아이들의 얼굴과도 같았다. 아이들의 눈빛은 어느새 진지해졌고, 숟가락 끝에서 조금씩 벗겨지는 껍질은 그들 손끝에서 이루어진 작은 기적처럼 느껴졌다. 아이들은 매끈해진 감자를 어루만지며 "미끄러워요!", "부드러워요!", "빛나요!"라며 변화를 함께 즐겼다.

껍질을 벗긴 감자를 반으로 잘라내는 순간 노란 속살이 드러나자, 아이들은 눈을 크게 뜨고 "해님 색이에요!"라고 말했다. 잘라낸 감자는 밥솥 속 쌀 위에 차곡차곡 올려졌다. 아이들은 서로 얼굴을 바짝 들이밀고 그 과정을 지켜보며 말했다.

"밥이랑 감자가 친구가 됐어요!"

"이제 같이 살아요!"

"이제 감자가 밥이 되는 거예요?"

"언제 열려요? 언제 먹어요?"

밥솥 뚜껑이 닫히자, 아이들의 목소리는 더 커졌다. 기다림의 시간이 길게 느껴졌지만 그것은 단순한 지루함이 아니라 기대가 부풀어

오르는 시간이기도 했다. 그러는 사이 드디어 밥솥에서 김이 모락모락 피어올랐다. 고소한 냄새가 교실 가득 퍼지자, 아이들의 눈빛은 반짝였다. 뜨거운 밥이 그릇에 담기자마자 아이들은 숟가락을 움켜쥐고 들뜬 목소리로 외쳤다.

"이거 내가 캔 거예요. 진짜 맛있죠?"

한 숟가락 입에 넣자 포슬포슬한 감자의 식감과 구수한 쌀밥의 향이 어우러졌다. 아이들은 눈을 마주 보며 웃었고, 밥그릇은 금세 비워졌다. 이렇듯 땅속 깊이 숨어 있던 작은 알맹이가 밥상 위 따뜻한 밥으로 변하는 순간, 아이들은 흙이 품고 있던 긴 시간을 온몸으로 배우고 있었다. 그것은 단순한 식사가 아니라 흙, 물, 햇빛, 그리고 기다림이 함께 지어낸 생명의 밥상이었다.

● 여름 가지전 · 호박전 · 부추전과 비빔밥

여름의 텃밭은 아이들에게 언제나 놀이터이자 교실이었다. 무성하게 자란 가지와 애호박, 오이 그리고 향긋한 부추가 초록빛으로 흔들리는 텃밭에 들어서자, 아이들은 작은 바구니를 앞에 들고 저마다 탐스럽게 열린 채소들을 따내기 시작했다. 가지를 따다 보랏빛 물이 손끝에 번지자, 아이는 그 손톱을 신기하게 들여다보며 "보라색 손톱이 됐어요!"라고 했다. 그 옆에서 또 다른 아이는 초록빛 오이를 가만히 바라보다가 "크레파스 초록색이랑 똑같아요."라고 말했다. 텃밭 안에서 보라와 초록, 서로 다른 계절의 빛깔이 아이들의 언어로 살아났다. 그리고 부추를 한 줌 꺾어 바구니에 담는 작은 손끝에서는 땀방울이 흘렀지만, 그 위에 반짝이는 것은 단순한 물방울이 아니었다. 자신이 키운 것을 스스로 거두어 담는 자부심이 작은 손끝마다 맺혀 있었다.

텃밭에서 이루어진 각양각색 채소의 수확은 곧바로 조리로 이어졌다. 마당 한가운데에는 전을 굽기 위한 큰 팬이 올려졌고, 아이들은 불길이 바람을 따라 출렁이자 두 손으로 얼굴을 가리며 깔깔 웃었다. 달궈진 팬 위에 기름을 두르자 노릇한 향이 먼저 피어올랐고, 이어 가지와 호박, 부추가 차례로 팬 위에 올려졌다. 기름 위에서 지글지글 춤추는 소리는 여름 숲의 매미 소리와 겹쳐 들려왔다. 아이들은 코끝을 벌름거리며 “맛있는 냄새 나요!”라며 참지 못하고 작은 손을 내밀었다.

부추를 듬뿍 올려 부친 전을 한입 크게 베어 문 아이는 “우와! 진짜 맛있어요!”하고 미소로 답했다. 평소 가지와 호박을 잘 먹지 않던 아이들마저 고소하고 바삭한 맛에 금세 접시를 비워냈다. 편식하는 아이들도 “이건 맛있어요!”라며 엄지척을 들어 보였다. 여기에는 자신이 직접 기른 채소에 대한 자부심이 담겨 있는 듯 보였다.

점심에는 아침에 따낸 상추가 다시 밥상 위에 올랐다. 아이들은 손으로 상추를 찢어 밥 위에 올리고, 고추장과 간장, 참기름을 차례로 넣어 숟가락으로 쓱쓱 비볐다. 붉은빛과 초록빛, 윤기 도는 밥알이 어우러지는 모습에 아이들은 흥분을 감추지 못했다. "내가 만든 비빔밥이 제일 맛있어요!"하고 자랑하듯 말하는 아이의 얼굴은 뿌듯함으로 빛났고, 평소 상추를 먹지 않던 아이마저 "상추가 이렇게 맛있는 줄 몰랐어요."라며 숟가락을 멈추지 않았다.

아이들의 작은 손끝에서 만들어진 전과 비빔밥은 흙과 땀, 햇살과 기다림, 그리고 함께 웃고 나눈 시간이 고스란히 담긴 여름의 기록이었다. 씨앗을 심고, 싹을 기다리고, 수확한 채소를 밥상으로 이어내며, 아이들은 봄과 여름, 흙과 계절, 기다림과 나눔을 온몸으로 배워 가고 있었다. 텃밭은 채소만을 키우는 땅이 아니라 아이들의 삶을 키우는 자연의 책이었다.

콩의 놀라움

완두콩과 호랑이콩을 까던 날, 아이들의 손끝은 마치 보물찾기를 하듯 바쁘게 움직였다. 아이들은 콩깍지 안에 무엇이 숨어 있을 거라고는 생각하지 못했다. 껍질을 조심스레 벌리자, 그 안에서 동그란 콩이 '톡' 하고 드러났다. 순간 아이들의 입에서 "와!"하는 감탄이 터져 나왔고, 작은 눈동자들은 신비로운 보물을 발견한 듯 한참 동안 콩을 들여다보고 있었다. 껍질을 열 때마다 퍼져 나오는 작은 탄성은 마치 새로운 세상을 발견하는 순간 같았다.

어떤 아이는 손바닥 위에 동글동글한 콩을 올려놓고 굴려 보며 구슬놀이 흉내를 냈고, 또 다른 아이는 호랑이콩의 줄무늬를 한참 바라보다가 "호랑이 무늬랑 똑같아요! 진짜 호랑이처럼 멋져요!"라고 말했다. 그 말에 아이들 사이에서는 웃음이 터져 나왔다. 마치 자연이 그려 낸 무늬 속에서 새로운 이야기를 발견하는 듯 보였다. 그래서 호랑이콩은 먹거리 그 이상으로, 자연이 남겨 놓은 하나의 그림책처럼 여겨졌다.

껍질 속에 숨어 있던 콩은 곧 찜통 속에서 따끈하게 익어 나왔다. 김이 모락모락 피어오르는 콩을 집어 들자, 아이들은 뜨거움에도 아랑곳하지 않고 호기심 어린 눈으로 바라보았다. 입속으로 한입 넣는 순간 퍼져 나오는 고소한 맛에 아이들의 표정은 놀람에서 곧 미소로 변했다. 그리고는 "고소하고 달아요!"라고 하였다. 아이의 목소리는 마치 흙과 햇살이 콩을 길러낸 긴 시간의 결실을 입속에서 되새기는 듯했다. 작은 콩 하나의 고소함과 달콤함이 입안에서 퍼져 나올 때, 아이들의 얼굴은 환하게 빛났다. 비록 크고 화려한 음식은 아니지만 아이들이 먹은 콩 한 알에는 자연이 건네는 소중한 가르침이 담겨 있었다.

문득 드라마 〈폭싹 속았수다〉의 한 장면이 떠올랐다. 아버지가 자신의 밥그릇에 있던 몇 알의 완두콩을 젓가락으로 집어 딸의 밥 위에 올려주며 말없이 먹여 주던 장면이었다. 소박하고 아무렇지 않아 보이는 그 행동 속에는 딸이 더 건강하게 자라길 바라는 깊은 사랑이 담겨 있었다. 흔하고 작은 완두콩 몇 알이었지만 그 속에는 세대를 잇는

마음과 삶을 키우는 힘이 고스란히 숨어 있었다. 아이들이 까내던 완두콩이 그 장면과 겹쳐 보이는 순간, 작은 알맹이 하나에도 얼마나 많은 정성과 마음이 깃들어 있는지를 새삼 깨닫게 되었다.

콩은 오래전부터 '밭에서 나는 쇠고기'라 불려 왔다. 작은 알맹이 속에 든 단백질은 아이들의 성장을 돕고 몸을 단단히 세우는 귀한 영양소였다. 아이들은 그것을 알지 못한 채 "달아요!", "고소해요!"라고 말했지만, 사실 그 작은 콩알 안에는 흙과 햇살의 기운이 오롯이 담겨 있어 이보다 더 좋을 수는 없을 것이다.

아이들이 손끝으로 까낸 완두콩을 서로의 밥그릇에 옮겨 담으며 "내 거 하나 줄게."라고 말하는 모습에조차 큰 의미가 담겨 있다. 그것은 마음을 나누는 행위였고, 작은 나눔을 통해 상대를 생각하는 법을 배우는 순간이었다. 작은 한 알의 콩은 아이들이 자라나는 데 필요한 영양분이 되었고, 콩을 나눠 먹으며 사랑을 전하는 언어가 되었으며, 서로를 향한 배려를 나누는 살아 있는 배움이 되었다.

된장과 고추장도 매실청도 우리 손으로 만들지

손끝으로 빚어낸 된장과 간장

콩을 삶던 날, 냄비 뚜껑이 덜컥 열리면서 고소한 냄새가 원에 가득 퍼졌다. 모락모락 피어오르는 김 사이로 아이들은 작은 손을 내밀어 뜨거운 콩을 하나씩 집어 들고는 조심스럽게 입에 넣었다.

"뜨거운데 맛있어요! 두유 맛이 나요."

"콩이 사르르 녹아요."

이마를 찡그리던 한 아이는 뜨거워도 맛있다고 하였고, 곁에 있던 다른 아이는 콩을 오물거리면서 입안에서 사르르 녹는다고 하였다. 갓 삶은 콩의 고소한 향과

맛은 아마 경험해 보지 않은 사람은 모를 것이다. 그날 먹은 따뜻한 콩 한 쪽은 아이들에게 오래 기억될 첫 번째 '맛 이야기'가 되었다.

삶은 콩은 절구에 찧어 으깨졌고, 아이들의 손바닥에서 하나하나 메주가 빚어졌다. 아직은 서툴지만 온 힘을 다해 꼭꼭 눌러 모양을 잡아 보았다.

아이들과 함께 메주를 걸어두기 전, 먼저 경로당 어르신께 새끼 꼬기를 배웠다. 거칠고 투박해 보이던 짚은 어르신들의 손끝에서 단단한 줄로 바뀌어 갔다.

"손끝에 힘을 모아야 해."

손끝에 힘을 모아야 한다는 어르신들의 말에 아이들은 자기 손을 꼭 모아 보였다. 손바닥으로 비비고, 손목을 비틀어 꼬아내는 순간 짚 특유의 따스한 결이 손끝에 전해졌다. 아이들은 어르신들의 손동작을 따라 하면서 서툴기는 했지만 작은 새끼줄을 꼬아냈다.

그렇게 엮어낸 짚 줄에 메주를 하나하나 걸어 보았고, 아이들은 메주에 자기 이름표를 붙이며 "내 메주가 제일 맛있을 거예요."라고 말했다.

시간이 지나자, 원 안에는 고소한 콩 냄새와 함께 낯선 쿰쿰한 냄새로 가득 찼다. 어떤 아이는 코를 찡그렸고, 또 다른 아이는 창문을 열고 바람을 들이마시며 "밥 냄새 같아요."라고 했다. 노란빛이던 메주는 서서히 짙은 갈색으로 변하며 단단해졌고, 아이들은 조금씩 달라지는 메주의 빛깔과 냄새를 지켜보며 발효가 만들어 내는 변화를 몸으로 받아들이고 있었다.

봄바람이 차갑게 불던 날, 마당은 오히려 따뜻했다. 아이들과 경로당 어르신이 함께 모여 장을 담그는 날이었기 때문이다. 붉은 고추와 숯, 대추가 들어간 장독은 저마다의 몫을 하며 자리를 채웠다. 아이들은 이러한 재료들이 가지는 모든 의미를 다 알 수는 없었지만, 항아리 속에서 무언가가 함께 어우러진다는 사실만은 느낄 수 있었다.

50일 뒤, 장을 가르는 날이 되었다. 장독을 열자 퍼져 나온 향에 아이들은 놀라며 말했다.

"이제 진짜 된장 냄새가 나요!"

위로는 맑은 간장이 떠오르고 아래에는 진한 된장이 남았다. 하나의 메주에서 갈라져 나온 두 맛은 마치 같은 뿌리에서 서로 다른 길을 걸어온 듯했다. 아이들은 어른들의 도움을 받아 메주를 조금씩 찢어 보았다. 한 아이는 손끝에 묻은 조각을 맛보며 "콩이 짜요." 라고 했고, 다른 아이는 "아직은 맛이 없어요."라고 말했다. 낯설고 어색했지만, 손으로 찢고 냄새를 맡고 맛을 보는 동안 아이들은 조금씩 그 맛을 알아갔다. 된장 위에 다시마와 소금을 덮은 뒤, 장독대는 또다시 기다림의 시간으로 접어들었다.

날마다 달라지는 향에 아이들은 "오늘은 간장 냄새가 나요."라고 말했고, 교사들은 "맞다, 잘 익어 가고 있구나."라며 고개를 끄덕였다.

얼마 뒤, 된장으로 끓인 된장국과 텃밭에서 따 온 오이를 찍어 먹기 위해 된장을 이용한 밥상이 차려졌다. 또 다른 날에는 장에서 얻은 간장으로 끓인 미역국이 차려지기도 했다. 아이들의 건강한 밥상, 생명의 밥상 속에서 아이들과 함께 만든 장은 제 역할을 톡톡히 하고 있었다.

된장과 간장은 한국인에게는 아주 소박하고 평범하며 가장 기본적인 양념이지만, 만드는 과정은 기본 그 이상이다. 뜨거운 콩을 맛보던 순간에서 절구질의 무게, 장독 앞에서의 기다림, 그리고 낯선 발효 냄새를 받아들이던 날들까지 매우 긴 호흡으로 이어졌다. 그 안에는 흙과 햇살이 길러낸 생명과 아이들의 손끝이 남긴 흔적, 그리고 세대를 이어 전해지는 전통의 지혜가 고스란히 담겨 있었다.

처음 만나는 붉은 맛: 기다림 속에서 완성된 고추장

필자는 매년 늦여름이면 아이들과 함께 저염 고추장을 담가 왔다. 텃밭에서 빨갛게 익은 고추를 따는 순간부터 이야기는 시작되었다. 아이들은 작은 손으로 조심스레 고추를 따내며 "고추가 길쭉해요!", "빨간 모자 같아요."라고 말했다. 바구니 가득 담긴 고추는 마당에서 씻겼고, 물방울을 여기저기 튀기면서 깨끗하게 문질렀다.

"고추가 미끄러워요!"

"물이 뚝뚝 떨어져요."

깨끗하게 씻은 고추를 큰 대나무 소쿠리에 옮겨 담았다. 사진 속 소쿠리는 필자가 일본 연수에 갔을 때 어렵게 구해 온 것이다. 흔히 가족 선물을 먼저 떠올리지만, 필자의 마음에는 아이들과 식육으로 이루어진 배움에 먼저 닿아 있었다. 많은 양의 채소를 씻고, 햇볕에 널어 말리고, 함께 뒤집으며 기다릴 수 있는 도구가 있다면 아이들과의 시간이 훨씬 넉넉해질 것이라는 생각 때문이었다. 결국 가족 선물보다 아이들과의 즐거움을 위해 소쿠리를 우선으로 선택했고, 들고 돌아오는 길에 이미 아이들과 함께할 장면들이 눈앞에 그려지고 있었다.

햇볕 아래 널린 고추는 소쿠리 위에서 천천히 말라갔다. 아이들은 가끔 앞뒤로 방향을 바꿔 주며 말했다.

"고추가 엎드렸어요."

"이제 반대로 누웠어요."

풋풋한 풀 냄새와 은근히 달큰한 향을 품은 고추는 날마다 색이 더 짙어졌고, 바삭하게 마르며 곱게 빻아 고운 고춧가루가 될 준비를 하고 있었다.

찹쌀을 쪄 고소한 냄새를 맡고, 엿기름을 풀어 달큰한 맛을 느끼고, 소금을 넣는 순간 아이들은 "짜!", "바닷물 맛이 나요."라고 반응했다.

모든 재료가 한데 어우러져 대야 속이 붉게 변하자, 아이들은 손끝에 묻은 양념을 맛보았다. 처음엔 '빨갛다 = 맵다'라고만 생각하던 아이들이 직접 맛을 보면서, 매운맛 안에도 달콤함과 깊이가 있다는 것을 조금씩 알아가고 있었다. 조리사 선생님은 매운맛이 두려운 아이들을 위해 고추장의 양을 줄이고 꿀이나 채소를 더해 달큰하게 조리해 주셨다. 그 덕분에 떡볶이, 된장찌개 같은 음식은 아이들이 부담 없이 맛볼 수 있게 되었고, 평소 매운 음식을 잘 먹지 않던 아이들도 한두 개씩 집어 먹으며 "떡이 더 맛있어요!", "밥이랑 같이 먹고 싶어요."라고 이야기했다.

항아리에 담긴 고추장은 한 달 동안 하늘과 바람을 벗 삼아 숙성되었다. 아이들은 날마다 항아리 곁을 지나다가 냄새를 맡으며 "오늘은 달콤한 냄새예요.", "어제보다 더 맛있어졌을 것 같아."라고 속삭였다. 날마다 달라지는 향과 빛깔은 아이들에게 기다림이 빚어내는 맛을 알아가는 과정이었다.

숙성이 끝난 고추장은 다시 밥상 위로 돌아와 아이들과 함께했다. 적당한 매운맛은 아이들의 입맛을 깨우고, 땀을 흘리며 음식을 먹는 즐거움을 알게 했다. 마치 발효가 시간을 거쳐 더 깊고 새로운 맛을 만들어 내듯, 아이들은 낯선 매운맛을 조금씩 받아들이며 자기만의 경험으로 키워 갔다.

돌이켜보면 고추장의 매운맛은 아이들의 성장과 닮아 있었다. 처음엔 쉽지 않지만, 차츰 익숙해지고, 결국에는 더 큰 맛을 느낄 수 있게 되는 과정 말이다. 발효 음식이 우리 몸에 좋은 것처럼, 매운맛 역시 아이들에게는 새로운 도전이자 성장의 한 걸음이 되었다. 또 한 숟가락의 고추장 속에는 늦여름 햇살과 아이들의 손끝, 그리고 기다림이 담겨 있었다.

달콤해져라, 매실의 주문

봄이 깊어지면 가지마다 매달린 매실이 햇살을 받아 반짝이며 아이들을 불러냈다. 아이들은 농장 마당에서 작은 바구니를 들고 매실을 하나하나 따 모았다. 초록빛 매실을 손에 쥔 순간, 그리고 바구니가 하나둘 차오르기 시작하면서 아이들의 얼굴에도 곧 뿌듯함이 번져 갔다. 매실을 따는 일은 그 자체로 즐거움이었고, 곧 누군가와 나누게 될 생각은 더 큰 기쁨이 되어 주었다.

송글송글 땀을 닦으며 하나씩 담아 온 매실을 마당에서 깨끗하게 씻었다. 큰 대야에 매실 반 물 반 가득 채운 뒤, 손으로 뽀독뽀독 문질러 씻었다. 매실이 물 샤워를 하고 나니 연두빛이 더 생생해 보였다. 매실의 물기를 말린 다음, 아이들과 둘러앉아 뾰족한 막대로 매실 꼭지를 따고 아이들 개별 통에 담았다.

아이들은 매실이 담긴 통에 설탕을 한 주먹씩 넣으며 "달콤해져라.", "맛있어져라."라는 주문을

함께 통 속에 담았다. 작은 목소리였지만 그 안에는 자신이 담근 매실청이 건강하고 맛있게 익어가기를 바라는 간절한 마음이 담겨 있었다.

매실은 100일 동안 설탕이 녹아들며 서서히 황금빛으로 변해 갔다. 날마다 달라지는 빛깔을 보며 아이들은 기다림 속에서 변화를 관찰하고 있었다. 이 시간은 아이들에게 발효의 과정이자, 마음을 키우는 시간이었다.

"어제보다 색이 진해졌어요."

"냄새가 달콤해요."

드디어 병을 열어 맛본 매실청은 새콤달콤했다. 한 모금 머금자, 입안 가득 퍼지는 상큼한 맛에 아이들은 눈을 크게 떴다. 매실청을 물에 희석해 컵에 담아 마시기로 했다. 투명하게 빛나는 황금빛 물 위로 얼음이 동동 떠

올랐고, 컵 벽면을 타고 흐르는 물방울은 보기만 해도 시원했다. 아이들은 두 손으로 컵을 꼭 잡고 단숨에 들이켰다.

완성된 매실청은 집으로 가져가 가족과 함께 나누고, 일부는 지역사회의 어르신들께 기부되었다. 아이들은 "우리가 만든 거예요."라고 말하며 자신들의 작은 손길이 누군가의 건강을 돕는다는 사실을 마음 깊이 새겼다. 매실청은 목이 마를 때 갈증을 해소해 주는 음료가 되고, 배가 아플 때 소화가 잘 되게 도와주는 약이 되기도 한다. 그리고 아이들의 손길과 웃음, 주문, 기다림과 나눔이 함께 들어 있는 계절의 기록이었다. 병 속의 황금빛은 아이들의 기다림과 마음이 빚어낸 맛의 빛깔이었다.

새콤달콤 여름의 맛, 살구

초여름 시장의 한쪽에는 탐스럽게 익은 살구가 상자 가득 쌓여 있었다. 노르스름한 빛깔에 붉은 기운이 살짝 스민 살구는 햇살을 머금은 듯 반짝였고, 아이들은 그 앞에서 "복숭아 아기 같아요.", "노란 공 같아요."라며 눈을 반짝였다. 장바구니에 차곡차곡 담긴 살구는 어린이집 마당으로 옮겨져 대야 속에 담겼다.

아이들은 작은 손으로 살구를 하나하나 집어 물속에서 굴리듯 씻었다. 반짝이며 구르는 살구는 그 자체로 장난감 같았고, 아이들은 물살을 일으키며 서로 장난을 치며 놀았다. 살구를 씻는 건지 물놀이 중인지 모를 정도로 흠뻑 젖으며 놀았다. 씻어 낸 살구는 노란빛

이 더 선명해졌다. 아이들은 호기심 가득한 눈빛으로 쳐다보더니, 한입 베어 물었다. 태어나 처음 먹어 보는 과일의 맛은 놀라움이었다. 얼굴이 잔뜩 찡그려졌다가도 곧 환해지며 말이 터져 나왔다.

"으~ 시다! 근데 달아요."

옆에서는 또 다른 아이가 씻은 살구를 들고 "나도!" 하며 입에 넣었다. 씻고, 먹고, 다시 씻고, 또 한 알을 베어 무는 일은 놀이와 식사가 구분되지 않는 즐거움이었다. 먹는 기쁨과 놀이의 흥겨움이 한데 어우러진 순간, 마당 가득 아이들의 목소리가 퍼져 나갔다.

먹고 남은 씨앗도 아이들의 손에서 다시 놀이가 되었다. 어떤 아이는 씨앗을 호주머니에 넣으며 "이거 심으면 나무 돼요?"라고 물었고, 또 다른 아이는 씨앗을 씻어 작은 구슬처럼 굴리며 장난을 쳤다. 살구는 아이들에게 맛보고 놀고 상상하는 새로운 경험의 세계였다.

깨끗하게 씻은 살구는 병 속에 설탕과 함께 차곡차곡 담겼다. 처음에는 설탕에 가려 열매가 보이지 않았지만, 시간이 지날수록 설탕이 녹아 병 속은 은은한 노란빛으로 물들어 갔다.

"살구가 점점 보여요."

"색이 진해졌어요."

아이들은 병 앞에 서서 살구가 변해 가는 모습을 놓치지 않기 위해 늘 들여다보았다. 이렇게 살구가 발효되어 청이 되기까지는 무려 1년이라는 긴 기다림을 요구했다. 살구가 천천히 발효가 되어가는 동안 서서히 달콤하면서도 상큼한 맛을 내었다. 그리고 1년이라는 긴 시간 동안 아이들도 쑥쑥 잘 자랐다.

드디어 살구청을 맛보는 날이 되었다. 한 입 맛을 본 아이들은 "달아요!", "주스 같아요."라며 눈을 크게 뜨며 말했다. 그리고는 "다음에는 살구잼 만들어 주세요. 빵에 발라 먹고 싶어요."라고 했다. 살구 청의 독특하고 달콤한 맛은 아이들의 마음을 사로잡은 듯 보였다. 비록 처음 살구를 봤을 때의 황금색 빛깔은 사라졌지만, 소화를 돕고 영양소의 흡수를 높이는 건강청으로 다시 탄생하게 되었다. 처음의 살구는 아이들의 좋은 놀이가 되었고, 긴 시간을 머금은 살구청은 아이들의 입맛을 사로잡고 건강을 지키는 역할을 하게 되었다. 자연에서 온 계절의 선물, 살구를 통해 풍성한 맛의 세계를 경험하고 건강을 유지할 수 있는 소중한 밑거름이 될 수 있을 것이다.

아보카도로 불린 모과

가을이면 어린이집 마당의 모과나무는 어느새 노랗게 물들어 있었다. 높이 매달린 모과는 아이들의 손으로는 닿을 수 없는 자리에서 바람에 흔들리며 향기를 흘려보냈고, 그 열매를 따내기 위해 교사들은 사다리를 가져와 조심스럽게 올랐다. 가지 사이로 팔을 깊숙이 뻗어 단단한 모과를 하나씩 떼어낼 때마다, 작은 가지들이 스치며 손바닥에는 거친 자국이 남았다. 하지만 교사들의 얼굴에는 오히려 환한 미소가 떠올랐다. 아이들과 함께 나눌 열매라는 생각이 그 수고로움을 기쁨으로 바꾸어 주었고, 높은 가지 끝에서 따낸 모과를 품에 안는 순간은 마치 계절의 선물을 건네받는 듯한 충만함으로 다가왔다.

땅으로 내려온 모과를 아이들은 하나하나 손에 쥐고 이리저리 돌려보았다. 울퉁불퉁한 겉모습에 "아보카도 같아요."라며 눈을 크게 뜨던 아이들은, 코끝을 파고드는 진한 향기에 "냄새는 좋은데 딱딱해요."라고 말했다. 아이들의 작은 한마디는 모양과 향, 그리고 맛이 조금씩 다르다는 자연의 오묘함을 배워 가고 있는 듯했다. 모과는

열매를 넘어서서 아이들의 감각과 사유를 열어 주는 또 하나의 매개가 되고 있었다.

교사들의 손끝에서 아이들의 손끝으로, 그리고 부모의 손길로 이어진 모과는 병 속에서 서서히 발효되어 향기로운 청이 되었다. 시간이 흐른 뒤 각 가정으로 나누어진 모과청은 식탁 위에서 다시 따뜻한 향기를 퍼뜨렸다. 그 잔잔한 향기 속에는 마당의 가을 햇살과 교사들의 땀방울, 아이들의 호기심 어린 눈빛, 부모의 따뜻한 마음이 함께 녹아 있었다. 모과청을 만드는 과정에는 누군가의 수고와 기다림, 그리고 모두의 기쁨이 한데 어우러져 있었다. 청을 만들어 가는 동안 아이들은 자연이 전해 주는 배움과 공동체가 함께 짓는 삶의 향기를 천천히 알아가고 있었다. 천천히 깊어지는 발효의 시간처럼, 아이들의 하루하루도 그렇게 차곡차곡 무르익으며 성장하고 있었다.

아이를 위한 겨울의 마음, 청귤청

겨울바람이 매섭게 불어오는 날, 초록빛을 머금은 작은 청귤 상자가 도착했다. 아직 노랗게 익지 않아 단단하고 매끈한 겉모습은 아이들에게 낯설었다. 그렇지만 부모님과 함께 도마 앞에 앉아 청귤을 얇게 자르니, 노란 속살을 드러내며 퍼져 나오는 향기에 아이들은 깜짝 놀랐다.

"젤리 냄새 나요!"라며 눈을 반짝이는 순간, 교실은 온통 새콤달콤한 청귤 향으로 가득 차며 겨울의 찬 기운이 따뜻한 설렘으로 바뀌고 있었다.

칼끝이 스쳐 지나가며 드러난 청귤 조각이 하나둘 병 속에 담기고, 그 위로 설탕이 소복이 쌓이는 과정을 함께 바라보던 부모님들은 아이의 작은 손길을 도와주며 "이 청귤청 먹으면 감기 안 걸려."라고 다정하게 속삭였고, 아이는 고개를 끄덕이며 병 속으로 들어가는 청귤을 자기만의 보물처럼 오래도록 지켜보았다. 처음에는 설탕에 감

춰져 잘 보이지 않던 청귤이 시간이 지나면서 설탕이 녹아내리며 투명한 빛을 띠고, 병 속에서는 초록과 노란빛이 뒤섞여 은은한 빛깔을 드러냈다. 아이들은 "색깔이 변했어요!"라고 외쳤고, 부모님은 그 목소리를 따라 웃으며 함께 기다림의 기쁨을 나누었다.

며칠 뒤 설탕이 모두 녹은 청귤청을 덜어 물에 타 먹어 보았다. 아이들의 작은 컵에서 청귤청과 물이 섞이며 노란빛이 컵 속에서 번져 나갔다. 아이들은 두 손으로 컵을 꼭 쥐고 한 모금 삼켜보면서 맛을 보았는데, 얼굴을 찡그리다가도 금세 다시 컵을 내밀었다.

"시어요!"

"목이 시원해요."

"귤인데 달라요."

서툴지만 제각기 다른 말 속에서 청귤 특유의 새콤함과 달콤함, 그리고 겨울의 추위를 잠시 잊게 하는 상쾌함이 고스란히 담겨 있었다. 청귤에는 감기를 이겨 내도록 돕는 비타민과 몸을 깨우는 구연산이 가득 들어 있다. 그렇지만 무엇보다 아이들의 몸과 마음을 지켜주는 것은 그 안에 깃든 영양보다 더 깊고 단단한 정성과 사랑이다. 부모님이 아이의 작은 손을 보듬어 주고 함께 청귤을 자르던 정성과 사랑, 병에서 설탕이 녹으며 청귤과 어우러지기를 기다렸다가 함께 나누어 먹었던 그 마음 말이다. 이것이야말로 아이들에게 전해진 가장 큰 선물이자 추운 겨울을 견디게 하는 따뜻한 힘이 될 수 있었다.

일상 곳곳에서 이루어지는 '식'을 통한 배움

이 모가 크면 밥이 되는 거예요?

봄마다 우리는 아이들과 함께 모를 심으며 작은 풍년제를 지낸다. 땅과 하늘, 바람과 물이 함께해 주길 바라는 마음으로 아이들과 손을 모아 의식을 치른다. 그 순간 아이들은 자연이 생명을 키우는 주체임을 알게 된다. 흙 위에 심어진 모는 농사의 시작이자, 아이들 마음에 새겨진 기다림의 약속이 된다.

논 앞에 선 아이들의 표정은 제각각이었다. 논과 흙이 낯선 아이는 발을 내딛는 것을 주저하며 교사의 손을 꼭 잡았다. 발밑에서 물컹하게 밀려오는 흙의 감각이 낯설고 두려웠다. 그러나 이미 경험해 본 아이들은 서슴없이 논으로 들어섰다. 물살을 가르며 뛰어든 아이들은 손에 모를 쥐고는 곧게 심어 나갔다.

"논이 말랑말랑해요!"

아이들의 목소리가 논 위로 울려 퍼졌다. 흙은 아이들을 품으며 놀이터가 되었다. 발이 빠져 넘어지기도 하고, 서로의 손을 붙잡고 일으켜 세워 주기도 했다. 그 속에서 물이 튀어 오르기도 했지만, 아이들은 깔깔 웃음이 터졌다. 작은 손끝으로 모를 곧게 심던 아이들이 물었다.

"이 모가 크면 밥이 되는 거예요?"

아이의 이 짧은 한마디에는 배움의 씨앗이 들어 있었다. 모내기는 밥상으로 이어질 약속을 흙 속에 묻는 일이었다. 그리고 자기가 먹을 생명의 먹을거리를 손수 길러내는 의미 있는 일이기도 하다.

시간이 흘러 가을, 황금빛으로 물든 들판에 아이들이 다시 모였다. 어른의 도움을 받으며 낫을 잡고 허리를 굽혀 벼를 베어 내자, 손안에 무거운 곡식이 안겼다. "무겁지만 재미있어요!"라는 아이의 말에는 쌀 한 톨을 얻기까지의 노동의 무게도 담겨 있는 듯 보였다. 그렇지만 아이는 자연의 결실을 얻어가는 과정이 재미있었다. 햇살과 바람, 빗

물과 흙, 그리고 농부의 땀이 가득 담긴 수확의 기쁨이, 자연의 시간과 사람의 노고가 빚어낸 결실임을 몸으로 느끼면서 말이다.

추수 후, 탈곡을 마친 햅쌀은 다시 아이들의 작은 손끝으로 이어졌다. 교실 안은 어느새 송편 빚기 마당으로 변했다. 아이들은 앞치마를 두르고 반죽을 손바닥 위에서 굴리며, 속에 깨와 콩, 꿀을 넣었다. "이건 엄마 거!", "나는 할머니 거!", "내가 만든 건 내가 먹을래요!"하는 아이들의 말 속에는 사랑이 담겨 있었다.

송편이 담긴 찜기에서 모락모락 피어나는 김을 보며 아이들은 노래를 부르듯 손뼉을 치고 기다렸다. 따끈한 송편을 한입 베어 물자 아이들의 얼굴에는 행복한 미소가 번졌다. "내가 만든 게 더 맛있어요!"라며 아이들은 서로의 송편이 더 맛있다고

자랑하느라 바빴다. 모내기와 추수를 하고 그 쌀로 송편까지 만들어 먹으며, 한 해의 농사를 입안에서 마무리하는 순간이었다.

"쌀 만들어 주셔서 감사합니다."

그 인사는 곧 농부의 땀과 자연의 시간에 바치는 고백이었다. 봄의 모심기, 여름의 기다림, 가을의 추수, 그리고 겨울이 오기 전 햅쌀로 빚은 송편까지 이 모든 과정은 연결되어 있었다. 어찌 보면 지극히 당연한 자연의 순리일 지도 모른다. 그렇지만 일상에서 우리가 놓치고 있었던 것을 아이들과 경험해 보면서, 먹을거리를 길러내기 위해 인내하고 노력하고 감사하고 나누는 마음을 배울 수 있었다. 아이들은 쌀 한 톨, 송편 하나 속에 계절과 자연, 사람의 땀과 공동체의 마음이 담겨 있음을 몸으로 배웠다. 그리고 그렇게 배우며 자란 아이들의 마음에도, 흙 위에 심은 모처럼 감사의 씨앗이 차곡차곡 자라고 있었다.

흙 내음, 쑥 내음에 상상의 나래를 펼치며

봄볕이 따스하게 내리쬐던 어느 날, 아이들과 함께 산책길을 걸었다. 어린 발밑에는 연둣빛으로 갓 돋아난 쑥이 가득했고, 아이들은 저마다 손을 뻗어 조심스럽게 쑥을 뽑아 올렸다. 흙이 함께 딸려 올라와 손끝에 묻는 순간, 아이들은 흙 냄새와 풀 냄새가 동시에 풍겨오는 것을 느꼈다. 작은 손바닥 위에 놓인 연둣빛 쑥은 마치 봄이 아이들에게 직접 건네는 것 같았다.

원으로 돌아오자마자 아이들은 쑥을 씻기 시작했다. 바가지에 담긴 쑥을 물에 헹구니 잔잔한 물결이 초록빛으로 번졌고, 작은 손끝에 흙과 풀잎의 거친 질감이 느껴졌다. 아이들은 물 위에 떠오르는 작은 풀 조각을 건져 내며 "쑥이 목욕해요."라고 말하며 웃었다. 깨끗해진 쑥을 소쿠리에 담아 물기를 털어내자 향긋한 향이 아이들의 코끝을 간질였다.

그다음은 곱게 빻은 쌀가루를 넓은 대야에 담고 그 위에 잘게 다진 쑥을 올리자, 초록빛과 흰빛이 만나 눈부신 대비를 이루었다. 아이들은 두 손으로 쌀가루와 쑥을 함께 버무리며 손바닥에 스며드는 고슬고슬한 감촉을 느꼈다. "눈처럼 흰 가루가 초록으로 변했어요!"라는 아이들의 말처럼 쑥과 쌀가루의 어우러짐은 아름다웠다. 아이들은 쑥 반죽을 동글동글하게 빚기도 하고, 모양틀로 꾹 눌러 무늬를 새기기도 했다.

기다림 끝에 찜통에 올려진 쑥떡은 하얀 김을 피워 올리며 교실 가득 향긋한 봄 향기를 퍼뜨렸다. 아이들은 뚜껑 틈으로 새어 나오는 김을 따라가며 "구름이 나와요!"라며 작은 발끝을 들썩였다. 드디어 막 쪄낸 쑥떡을 한입 베어 문 순간, 봄의 맛이 입안 가득 번졌다. 달큰하면서도 쌉싸래한 맛, 따뜻한 김과 함께 어우러지는 쑥떡의 향기는 아이들에게 봄이라는 계절을 온전히 전해 주었다. 아이들의 입안으로 전해진 봄의 향기는 한참 머무르며, 봄을 기억하는 향기를 심어주었다.

내가 맷돌로 만든 콩물이야

맷돌은 예전 어느 집 부엌에서나 중심을 차지하던 소중한 요리 도구였다. 단순히 콩을 갈아내는 도구가 아니라, 가족의 끼니를 책임지던 삶의 무게가 담긴 살림살이였다. 돌을 맞붙여 손으로 돌리며 곡식과 콩을 갈아낸 그 과정 속에는 늘 땀과 정성이 함께 했다. 맷돌은 음식을 만들어 내는 도구이자 부엌에서 울려 퍼지던 생활의 음악이었다.

여름날, 아이들이 맷돌 앞에 둘러앉았다. 먼저 콩을 채 위에 올려 불순물을 고르는 일부터 시작하였다. 작고 여린 손끝으로 돌멩이와 이물질을 골라내었다. 그리고 물속에서 통통하게 불린 콩은 아이들의 호기심 어린 손바닥 위에서 말랑말랑하게 변해 갔다.

마침내 맷돌 위에 콩이 올려졌고, 아이들의 작은 손이 손잡이를 잡아 돌리기 시작했다. "드르륵, 드르륵." 울려 퍼지는 소리는 세월의 결을 품은 맷돌이 다시 노래하는 듯한 울림이었고, 여름 마당에 가득한 매미 소리와 어우러지면서 또 하나의 음악이 되었다. 하얀 콩물이 맷돌 밑으로 흘러나오는 순간, 아이들의 눈은 커졌다.

"콩이 우유가 됐어요!"

"엄마, 내가 맷돌로 만든 콩물이야!"

"아빠, 내가 힘으로 돌렸어!"

힘에 부쳐 팔이 후들거려도, 친구가 뒤에서 밀어주며 다시 돌렸다. 작은 몸집에서 나오는 힘들을 모아 돌리니, 콩물은 흘러나왔다. 아이들이 힘을 모아 만든 콩물을 종이컵에 담아 부모님께 내밀었다.

아이들이 건넨 콩물 한 컵에 부모님들은 미소로 화답하며, 아이들의 수고를 가장 값진 선물로 바꾸어 주었다. 믹서기가 없던 시절, 맷돌은 두 팔의 힘으로 가족의 끼니를 빚어내던 삶의 애환과 정성이 깃든 도구였다. 그리고 손으로 땀으로 가족의 든든한 밥상을 차려내는 순간마다 사랑과 감사의 마음도 함께 흘러내렸다.

오늘날 아이들에게 맷돌은 조금 신기한 옛날 물건일지도 모른다. 손잡이를 잡으면 빙글빙글 돌아가는 것도 신기하지만, 콩이 갈려서 나오는 건 더 흥미롭다. 콩을 고르고, 불리고, 힘을 모아 갈아내고, 기다리는 전 과정을 통해 아이들은 음식이 결코 '그냥 주어지는 것'이 아님을 배웠다. 특히 맷돌을 통해 노동의 무게와 기다림의 시간, 함께 나누는 밥상의 소중함을 더 잘 알게 되었다. 또한 직접 만든 건강한 콩물은 고소한 향기와 함께 모두의 건강을 챙겨주는 생명의 먹을거리가 되었다.

물김치, 아이들의 여름이 담긴 그릇

연일 이어지는 폭염 속에서도 아이들의 발걸음은 텃밭으로 향했다. 뜨거운 태양 아래서 자라난 무는 아직 여물지 못했지만, 시들어 가는 잎이 우리에게 '지금이 때'라 속삭이는 듯했다. 아이들은 작은 호미를 들고 땅을 파내며 힘껏 무 줄기를 잡아당겼다. 흙을 머금은 통통한 여름 무가 모습을 드러내자, 여기저기서 함성처럼 웃음소리가 터져 나왔다. 흙 냄새와 땀방울이 섞이며 수확을 한 기쁨은 더위조차 잊게 하였다.

바구니에 가득 담긴 무는 곧 대야 속 시원한 물로 옮겨졌다. 아이들은 솔과 숟가락을 들고 무를 씻기 시작했다. 솔질로 흙먼지를 털어내고, 숟가락으로 껍질을 벗겨 내며 조금씩 드러나는 하얀 속살은 마치 무가 다시 태어나는 듯 반짝였다. 흙빛으로 탁해졌던 물은 점점 맑아졌고, 물속에서 맑아진 무는 아이들의 손끝에서 새로운 생명처럼 환하게 빛났다.

깨끗해진 무는 도마 위에서 다시 변신을 시작했다. 작은 손들이 조심스레 칼을 움직이며 무를 자르는 순간, 네모나고 동글동글한 무 조각이 도마 위에 수북이 쌓였다. 땀방울이 이마를 타고 흘러내렸지만, 아이들의 눈빛은 오직 무 조각에 집중되어 있었다. 잘라 낸 무와 붉은빛을 머금은 비트, 그리고 시원한 쌀풀 국물이 항아리 속에서 어우러지며 물이 많은 여름의 김치가 탄생했다. 아이들은 숨을 고르고 얼굴을 항아리에 가까이 대어 보았다.

"시원한 냄새가 나요!"

하루 동안 항아리 안에서 김치는 조용히 익어 갔다. 무 조각은 점점 더 아삭해지고 국물은 은은한 분홍빛으로 물들어 갔다. 기다림 끝에 열린 김치 항아리, 드디어 여름 무 물김치는 아이들의 밥상 위에 올랐다. 아이들은 밥 한 숟가락과 함께 시원한 국물을 떠먹고, 아삭한 무를 베어 물었다. 폭염 속에서 힘겹게 땀 흘리며 수확했던 순간과 무를 닦고 썰며 집중했던 시간, 익는 동안 기다렸던 마음이 모두 한입의 시원함으로 해소되는 듯했다.

물김치 한 그릇은 더운 여름에 아이들이 노동한 대가이다. 아이들에게 노동은 힘겨운 수고가 아니라 놀이와 맞닿은 배움이다. 물을 튀기며 즐겁게 무를 씻는 순간도, 무겁게 항아리를 함께 붙잡는 순간도 모두 놀이였고 동시에 성실한 노동이었다. 아이들의 작은 손끝에서 놀이와 노동은 서로 스며들며 하나의 배움이 되고, 그것은 다시 생명을 존중하는 마음으로 이어지고 있었다.

시원한 여름 무 물김치는 흙과 물, 햇살과 땀, 놀이와 노동, 기다림과 나눔이 차곡차곡 쌓여 함께 빚어낸 결과물이요, 더운 여름의 기록이었다. 아이들은 그 과정에서 자연과 함께 살아가는 삶의 지혜를 배우고 그 배움은 몸과 마음에 깊이 새겨져 앞으로의 성장에 뿌리가 되어 줄 것이다.

무화과잼, 손끝으로 질감을 배우고 기다림으로 맛을 느끼고

지인으로부터 늦여름 무화과 두 박스를 받았다. 무화과를 손에 쥐었을 때 느껴지는 묵직한 무게와 촉촉한 감촉에서 땅이 기른 힘이 느껴졌고, 손끝을 살짝 눌렀을 때 스며 나오는 달콤한 향은 햇살이 오래도록 품어낸 시간이 느껴질 정도였다. 한입 베어 물면 처음에는 풋풋한 향이, 곧이어 혀끝 가득 차오르는 진득한 단맛이 퍼져 나왔다. 그 맛은 '달다'라는 말로는 다 담아낼 수 없는, 풍부한 맛이었다.

대바구니 가득 담긴 무화과를 처음 마주한 아이들의 눈빛은 호기심으로 반짝였다. 손바닥 위에 올려놓은 무화과는 매끄럽지만 눌렀을 때 금세 움푹 들어갔고, 아이들은 그 감촉을 신기하다는 듯 서로에게 보여 주었다. 껍질을 벗기는 순간 손끝에 묻어난 즙은 끈적하면서도 달콤했고, 은은히 퍼져 나오는 향은 아이들의 코끝을 간질였다. 그러나 무화과 꼭지를 만지던 아이들 가운데 몇몇은 피부가 붉게 달아오르는 경험을 했다. 교사가 곁에서 차분히 씻어 주며 무화과의 특징을 알려주자, 아이들은 놀람 대신 호기심으로 자기 얼굴을 들여다보았다. 자연의 생명력이 몸에 새겨진 순간이었다.

냄비에 들어가기 전, 아이들은 무화과를 손으로 쥐고 꾹꾹 눌러 으깨며 반죽처럼 눌러 보고 두드려 보았다. 부드럽고 말랑한 과육이 손가락 사이로 흘러나오고, 달곰한 즙이 손바닥을 타고 흘렀다.

아이들은 서로의 손을 내밀어 보여 주며 "손이 끈적거려요.", "물감 같아요."라고 이야기했다. 잠시나마 무화과가 지닌 질감과 성질을 몸으로 배우는 살아 있는 배움의 장이 되었던 것 같다.

그제야 아이들이 으깬 무화과가 냄비 속으로 옮겨졌다. 설탕을 넣고 나무 주걱으로 천천히 저었다. 보글보글 끓어오르는 무화과는 점점 잼으로 변해 갔고, 달콤한 향이 주방 가득 퍼져나갔다. 주걱을 저을 때마다 전해지는 묵직한 감각은 어른들의 손끝에서 느껴졌지만, 아이들은 그 곁에서 향기를 맡고 거품이 일어나는 모습을 지켜보며 음식이 만들어지는 과정을 온몸으로 배웠다.

다음 날, 아이들은 무화과잼이 어떻게 되었는지 궁금해하며 물었다. "엄청 맛있어졌다."라는 대답에 곧 "먹어 보고 싶다."는 요청이 이어졌다. 빵을 준비해 잼을 발라 주자, 아이들은 한입씩 맛을 보고 평가를 내어놓았다.

"엄청 달아요."

"포도 맛 같아요."

"씨가 많이 보여요."

손끝으로 질감을 배우고, 기다림으로 맛을 느끼는 동안 무화과잼은 완성되어 아이들의 후각과 입맛을 자극할 수 있었다. 무화과의 색과 향, 맛, 질감을 직접 느끼며 요리하는 과정은 아이들의 감각을 깨우는 역할도 하였다. 그리고 무화과에 든 각종 영양소는 성장기 아이들의 건강에도 도움을 준다. 또한 무화과는 쉽게 상하기 때문에 잼으로 만들어 오래 보관하여 먹을 수 있는데, 시중에 파는 잼보다도 건강한 단맛을 경험할 수 있다. 음식을 버리지 않고 오래 먹기 위해 가공하고 보존하는 지혜를 배우면서, 함께 나누는 마음도 함께 배우길 바라본다.

네엣

식육, 밥 한 그릇에도 온 마음을 다한다

음식은 배고픔을 해소하는 것 이상의 의미를 가진다. 하늘과 땅의 조화와 햇볕과 바람, 비와 눈 등 자연의 순리에 따라 자란 식재료를 수확하고 깨끗하게 손질하여 다듬은 후 정성껏 요리하는 일련의 과정, 더 나아가 사랑하는 사람과 맛있게 준비된 음식을 공유하며 오가는 소통의 시간.... 그 모든 것이 모여 '나'가 되고 '너'가 되며 '우리'가 된다. 그리하여 그 사람이 먹는 음식은 곧 그 사람이 된다.

그래서 음식은 곧 마음이 된다. 투박하고 소박한 밥상이라도 사랑하는 사람을 위해 준비한 음식은 그 사람의 생명이 되고 행복과 힘이 되지만, 비록 산해진미가 가득하고 휘황찬란한 밥상이어도 밥상을 받는 사람에 대한 마음이 없는 밥상이라면 그 사람에게 마음이 전해지지 않는다. 음식은 우리 앞에 오기까지의 과정에 정성을 다하고, 그것을 준비하는 가운데 함께 하는 모든 사람에게 감사와 존중의 마음을 가지는 것이 중요하다.

행복은 거창한 것이 아니다. 맛있는 음식을 사랑하는 사람들과 함께 먹는 것, 그 속에서 오가는 정감이 있는 이야기가 곧 행복이 된다.

음식은 담는 그릇 하나도 소중하게

그릇에 담긴 존중, 밥 한 그릇의 무게

밥을 먹는다는 건 배를 채우는 일을 넘어서 마음을 나누는 일이다. 어릴 적 집에서 쓰던 그릇을 떠올려 보면, 그 무게가 괜스레 크게 느껴지곤 했다. 아마 그 속에는 쌀알만이 아니라 밥을 짓는 손길과 밥상에 둘러앉은 사람들의 마음까지도 함께 담겨 있기에, 그렇게 묵직하게 느껴졌던 게 아닐까 싶다.

아이들과 함께 쓰는 도자기 그릇도 그렇다. 흙을 빚어 불에 구워 내 태어난 그릇은 단단하면서도 따뜻하다. 손끝에 전해지는 중량감은 아이 한 명 한 명을 대할 때 교사가 품어야 하는 마음가짐을 닮아 있다. 쉽게 깨질 수 있음을 알기에 더욱 조심스럽게 다루게 되고, 그 조심스러움 속에서 아이를 존중하는 마음도 피어나는 것 같다.

아이들은 사기그릇의 차가움 속에서 불이 남긴 온기를 느끼며 밥을 먹는다. 반짝이는 빛깔과 단단한 질감은 흙과 곡식이 지나온 계절과 햇살, 농부의 땀과 기다림을 떠올리게 한다. 밥 한 숟가락에도 깃든 조리사의 정성을 느끼며, 두 손으로 그릇을 받쳐 드는 아이들의 모습에는 생명을 귀히 여기고 타인을 존중하는 배움이 스며 있다.

필자의 원에서는 아이들이 밥을 먹을 때 길게 놓은 책상보다는, 아이마다 하나씩 놓은 개인 좌식 책상을 사용하고 있다. 자기만의 자리를 가진다는 건 아이들에게 큰 의미가 있다.

"내 밥상이에요."

"내 그릇이 무거워요."

아이들은 자기만의 밥상을 가지면서 존중받는다. 그리고 아이들이 느끼는 그릇의 무게는 그들이 존중받고 있는 마음의 무게이기도 하다. 작은 밥상 하나에도 아이를 인정하는 교육철학을 담아냈고, 그 책상은 단순히 음식을 놓는 자리가 아니라 아이 한 명 한 명을 향한 존중의 무게를 담은 자리이기도 하다. 또 그 무게는 나무와 그릇만의 무게가 아니라 아이의 존재를 있는 그대로 받아들이겠다는 다짐의 무게이며, 교사가 한 아이를 모심으로써 깨닫게 되는 섬세하고도 소중한 마음의 무게이기도 하다.

밥 한 그릇을 담는 그릇에는 교사의 마음도 함께 담겨 있다. 아이들 앞에 놓인 밥상이 플라스틱 식판이 아닌 도자기와 스텐 그릇으로 채워지는 이유는 재질의 차이만은 아니다. 물론 플라스틱 식기는 유해한 물질이 나올 수 있어, 되도록 사용하지 않는 것이 안전하다는 것은 잘 알고 있을 것이다. 이에 반해 흙과 불이 만나 빚어진 도자기 그릇은 음식의 온기를 오래 지켜 주며, 자연이 빚어낸 성분 그대로 아이들의 몸에 해롭지 않은 건강함을 전해 준다. 땅속 깊은 곳에서 태어난 광물이 합금되어 만들어진 스텐 그릇은 단단하고 위생적이어서 음식의 본래 맛을 지켜 주고, 오래도록 안전하게 사용할 수 있다.

이렇게 선택된 그릇들은 음식을 담는 도구를 넘어, 아이들에게 음식을 '소중히 대접받는 경험'으로 바꾸어 주는 매개체가 된다. 또한 그릇 하나에 담긴 건강함은 아이들의 밥상이 곧 몸을 키우는 양분이자 마음을 살찌우는 거름이 되게 한다. 아이들은 튼튼한 몸과 따뜻한 마음으로 자라나고, 교사는 그 모습을 지켜보며 '한 아이를 모심'의 책임을 다시금 새긴다. 결국 그릇 위에 담긴 한 끼 식사는 아이와 교사, 그리고 음식을 만든 이의 마음이 자연스럽게 이어지는 통로가 된다.

아이들의 작은 밥상은 결국 '생명 밥상'이다. 흙과 불이 남긴 따스함이 머무는 자리에서 아이들은 음식을 넘어 마음을 먹는다. 밥 한 그릇을 조심스레 입에 옮기는 그 순간, 아이들은 자연이 건네는 숨결과 사람의 정성을 함께 받아들이고, 교사 또한 아이를 어떻게 바라보고 어떻게 대해야 하는지를 다시금 되묻게 된다.

밥상은 결국 우리 모두가 함께 배우는 자리다. 아이와 교사가 서로를 바라보며 밥을 나누는 그 짧은 순간 속에서 존중과 감사, 배려와 공동체가 자란다. 아이들의 밥상은 말없이 우리에게 가르쳐 준다. 식육은 밥 한 그릇을 대하는 태도 속에 이미 살아 있다. 그것은 겸허히, 정성껏, 그리고 자연과 더불어 이루어져야 한다는 것을 말이다. 그리고 밥상 위에 놓인 도자기와 스텐 그릇은 단단하면서도 따뜻하고, 오래도록 안전하면서도 자연의 숨결을 품은 채 아이들의 삶을 지켜 준다. 그렇게 아이들이 먹고 배우고 살아가는 모든 순간은 곧 생명의 밥상이 되고, 그 위에서 자란 작은 마음들은 서로를 이어 주는 큰 울림이 된다.

황금 그릇에 담긴 내 생일 밥상

생일을 맞은 아이 앞에 놓인 밥상은 평소의 밥상과는 조금 다르다. 황금빛으로 반짝이는 방짜유기 그릇 속에 고슬고슬 지은 밥이 담기고, 따뜻한 미역국에서는 김이 모락모락 피어오른다. 그 옆에는 잡채와 김치, 노릇노릇 부쳐낸 음식들이 소담스럽게 놓였다. 화려하지는 않아도 정성이 담긴 한 끼가 차려지는 순간, 그것은 단순한 밥상이 아니라 아이의 존재를 축하하는 생명 밥상이 된다.

"우와, 내 생일 밥상이다!"
"황금 그릇이에요."

자신의 생일 밥상이라고 외치는 아이의 목소리가 교실 가득 울려 퍼졌다. 그리고 작은 손끝으로 방짜유기를 쓰다듬으며 말하는 그 표정에는, 오늘 자신이 특별히 존중받고 있다는 확신에 찬 모습이 고스란히 담겨 있다.

방짜유기는 빛나는 외관이 아름다울 뿐만 아니라 음식의 온기를 오래 지켜 주고 잡내를 줄여 준다. 그러나 그만큼 관리 또한 쉽지 않아 쉽게 얼룩이 생기고 닦아내는 일에도 손이 많이 간다. 교사는 그 수고로움을 주저하지 않고 매일같이 그릇을 반짝이도록 닦아낸다. 아이 앞에 놓일 그릇이 조금이라도 더 맑게 빛나기를 바라는 마음에서다. 유기를 닦는 시간은 노동의 시간이라기보다는 아이를 향한 모심의 시간, '너는 소중하다'라는 다짐을 새기는 작은 기도의 시간이 된다.

아이들의 웃음과 말 속에서 황금빛 그릇은 더 빛이 나는 것 같다. 아마도 아이 한 명 한 명을 귀히 여기고 존중하겠다는 공동체의 마음이 담겨 있기 때문은 아닐까 싶다. 또 밥 한 숟가락, 국 한 그릇은 단순한 음식이 아니라 아이의 오늘 하루와 다가올 내일을 축복하는 작은 기도가 된다.

"짜잔~ 최고예요!"

"생일이라 좋아요."

"건강하게 자라줘서 고마워."

"오늘은 네가 주인공이야."

행복한 만큼 아이의 작은 손가락은 하늘을 향해 올라갔고, 웃음 섞인 목소리는 오늘의 밥상이 얼마나 특별한 자리인지를 전해 준다. 또 건강하게 생일을 맞이한 아이를 향한 부모님의 목소리가 아이 곁을 따뜻하게 감싸주었다. 건강하게 자라주어 고맙고, 오늘은 네가 주인공이라는 그 한마디 속에는 아이가 태어나던 날의 기쁨과 세상에 내어주기까지의 수고와 사랑이 고스란히 배어 있다. 생일 밥상은 단지 아이를 축하하는 자리가 아니라, 아이를 세상에 내어준 부모님께 감사와 존경을 전하는 자리이기도 하다.

생일 밥상은 거창한 잔칫상이 아니어도 충분하다. 미역국 한 숟가락에는 태어난 날의 기쁨과 감사가 담겨 있고, 밥 한 공기에는 건강하게 자라기를 바라는 부모와 교사의 마음이 깃들어 있다. 또 친구들과 나누는 반찬 한 젓가락에는 '너는 우리와 함께하는 소중한 사람'이라는 공동체의 인정이 스며 있다.

아이들은 황금빛 그릇을 두 손으로 꼭 감싼다. 그 순간, 아이는 자신이 사랑받고 있다는 사실을 느낀다. 잘 차려진 생일 밥상은 아이를 향한 존중의 무게를 담아내며, 동시에 부모에게 낳아주고 길러주신 데 대한 감사의 마음을 보여준다. 또한 교사와 공동체에게 함께 키워 간다는 다짐을 전하는 의미 있는 자리가 되기도 한다.

우리 아빠 밥그릇은 큰 그릇으로 할래요

아빠가 우리 원에 오시는 날, 교실은 아침부터 분주했다. 아이는 아빠의 밥과 음식을 담을 그릇을 고르기 위해 전날부터 도자기 그릇장 앞에 서서 오래도록 고민했다. 크기도 모양도 다른 밥그릇과 국그릇, 반찬그릇, 물그릇을 하나하나 바라보다가 말했다.

"이건 국 담으면 좋겠다."

"아빠는 밥 좋아해요. 큰 그릇으로 할래요."

작은 손끝으로 고른 그릇 속에는 아빠를 생각하는 마음이 고스란히 담겨 있었다. 그 순간부터 이미 아이의 생명 밥상은 차려지고 있었는지도 모른다. 문이 열리고 아빠가 교실에 들어서자, 아이는 환하게 웃으며 달려가 준비해 둔 목걸이를 목에 걸어 준다. 서툴지만 꾹꾹 눌러쓴 글씨와 직접 그린 그림이 담겨 있었다.

"아빠, 같이 놀아줘서 고마워요."

아이의 말은 짧았지만, 그 안에 온 마음이 담겨 있었다. 아빠는 웃으며 아이를 꼭 안아 주었고, 아이는 그 품 안에서 자신이 세상에서 가장 소중한 존재임을 느꼈다. 밥상 앞에 앉자, 아이는 수줍게 속삭였다.

"아빠, 이 그릇 제가 골라 놓은 거예요."
"아빠, 반찬 제가 담았어요."
"아빠, 이 콩나물은 우리가 키운 거예요."

아빠는 아이의 말을 듣고는 고개를 끄덕이며 그릇을 쓰다듬어 보았다. 아이는 식사의 시작과 함께 작은 목소리로 아빠에게 자랑을 이어 갔다. 며칠 동안 복도에 놓인 콩나물 시루에 물을 주며 "쑥쑥 자라라."고 속삭이던 시간과, 노란 콩이 뿌리를 내리고 싹을 틔워 밥

상 위 반찬으로 올라온 과정이 그대로 담긴 말이었다. 아빠는 그 이야기를 들으며 미소 지었고, 아이는 아빠가 알아주는 그 순간 더욱 환하게 웃었다.

아이가 아빠와 함께 밥을 먹는 시간은 그 어느 때보다도 매우 특별했다. 아빠를 생각하며 아이가 직접 고른 그릇에는 음식도 가득 들어있었지만, 아빠에 대한 사랑이 가득 담겨 있었다. 또 도자기 그릇이 전해 주는 묵직한 무게, 아이가 담아 준 반찬, 교사가 정성껏 지켜 온 식사의 전 과정에서 밥 한 그릇은 서로의 마음을 이어 주는 다리가 되었다. 이렇게 아이와 아빠, 교사와 친구들 사이에는 눈에 보이지 않는 따뜻한 정이 흘렀다.

그날의 밥상은 아빠에게는 아이의 기관 생활을 엿볼 수 있는 창이 되었고, 아이에게는 아빠와의 돈독한 정을 나누며 자신이 존중받고 있다는 확신을 갖는 기회가 되었다. 그리고 교사에게는 아이와 아빠가 함께 웃는 모습에서 한 끼 밥상을 준비하기 위해 기울인 자신들의 노고가 존중과 사랑으로 이어지고 있음을 확인하는 순간이 되었다.

"아빠, 또 밥 먹으러 와요."

아빠를 다시 초대하는 아이의 이 한마디에는 서로에 대한 사랑과 존중, 밥을 함께 나누며 이야기를 이어 가고 마음을 나누고자 하는 따뜻함이 담겨 있다. 특히 음식을 담는 그릇 하나에서부터 아빠를 떠올렸던 아이들의 지극한 마음은, 도자기 그릇에 스며 있는 흙과 불의 온기처럼 식사 시간 내내 잔잔하게 퍼졌다. 그래서 아빠를 향한 아이의 초대에는 따뜻한 밥상을, 다음에도 내가 직접 고른 그릇에 아빠를 위한 한 끼 음식을 담아 대접하겠다는 암묵적인 다짐이 포함되어 있다.

함께한 한 끼 밥상, 아빠들의 이야기

- "스테인리스 식판이 아니라 도자기 그릇에 담긴 음식을 보니, 원아 한 명 한 명이 존중받고 있다는 걸 느낄 수 있었습니다."
- "집에서는 볼 수 없던 아이의 모습을 보게 되어 좋았습니다. 다른 아이들과 함께 어울려 식사하는 모습이 참 인상적이었어요."
- "아이들이 길러낸 채소를 직접 담아 먹으니 더욱 뜻깊은 시간이 되었습니다."

아빠들은 원에서 마련한 아이들과의 한 끼 밥상을 통해 깊은 감명을 받은 듯 보였다. 아빠들의 이야기에서도 알 수 있듯이 함께 어울려 먹는 모습도 직접 키운 채소로 만든 밥상도 좋았지만, 음식을 담는 그릇 하나도 소홀히 하지 않는다는 마음이 가장 크게 와닿은 것 같았다. 그래서 이는 하루의 특별한 체험에 그치지 않고, 가정으로 이어지는 울림이 될 수 있을 것이라는 희망을 확인하는 자리였다. 이렇듯 아이와 부모, 교사 모두 그릇 하나부터 소중하게 시작하는 한 끼 밥상을 통해 존중과 감사를 배우는 자리가 될 수 있었다.

음식은 만드는 사람의 온 마음

밥상의 마법사, 요리왕 조리사 선생님

우리 원에서는 하루의 시작을 알리는 첫 불이 교실이 아니라 주방에서 켜진다. 아직 이른 시간, 고요한 건물 안에 가장 먼저 깨어나는 곳은 늘 주방이다. 어둠을 밀어내는 불빛이 번져가고 커다란 솥에서 물이 끓어오르며 피어오르는 김이 공간을 가득 메우는 순간, 아이들

의 하루는 이미 보이지 않는 곳에서 시작되고 있다. 그 풍경은 늘 소박하고 익숙하지만, 그 안에는 아이들의 몸과 마음이 자라날 수 있도록 온 마음을 기울이는 손길들이 숨어 있다.

분주히 움직이는 조리사 선생님의 걸음은 밥상과 직결된다. 채소 하나를 손질할 때도 국 한 국자를 뜰 때도, 그 속에는 아이들이 맛있게 먹고 건강하게 자라기를 바라는 마음이 고스란히 실려 있다. 도마 위에서 단정히 다져지는 소리, 커다란 국자가 솥을 휘저으며 내는 울림은 조리의 과정 그 이상이었다. 이렇게 음식을 만들어 내는 조리사 선생님의 손길은 아이들에게 전해지는 보이지 않는 자장가이자 마음의 연주였다. 그래서 아이들은 자연스레 이렇게 부른다.

"조리사 선생님은 요리왕이다."

집에서는 잘 먹지 않던 음식도 조리사 선생님의 손길을 거치면 환하게 웃으며 먹게 되는 마법 같은 일이 매일 일어나기 때문이다. 부모님들은 그 비밀을 알지 못한 채 늘 놀라워한다. "어떻게 기관에서는 그렇게 잘 먹을까요?"하고 고개를 갸웃거리지만, 그 대답은 아마도 음식을 먹는 사람을 생각하는 조리사 선생님의 따뜻한 마음과 존중에 있을 것이다. 그리고 주말이 되면 다시 까다로워진 아이의 식습관 앞에서 부모님들은 조리사 선생님이 차려주신 평일의 밥상이 얼마나 큰 감사였는지를 새삼 깨닫는다.

아이들은 밥을 받아 들며 "맛있어요!"하고 외치기도 하고, 두 손을 모아 고개를 숙이며 "감사합니다."라는 인사를 건네기도 한다. 짧고 서툰 말이지만 그 속에는 조리사 선생님과 아이들 사이에 흐르는 깊은 정서적 교류가 담겨 있다. 음식을 준비하기까지 들이는 많은 정성과 노력에 힘이 들 때도 있지만, 조리사 선생님은 아이들의 웃음과 눈빛에서 보람을 느끼며 분주했던 시간을 보상받는다.

교사에게도 조리사 선생님은 단순한 동료가 아니다. 교실에서 하루 종일 아이들과 씨름하다 보면 지치고 무너질 듯한 순간이 찾아오곤 한다. 그럴 때 주방에서 정성껏 준비된 한 끼는 허기를 달래는 음식일 뿐만 아니라 마음을 어루만지는 위로가 된다. 때로는 조리사 선생님이 건네는 "오늘 나물이 정말 맛있을 거예요!"라는 짧은 말 한마디가, 교사에게는 격려이자 다시 힘을 낼 수 있는 작은 응원이 된다. 가끔 조리사 선생님이 교사들을 위한 특별식을 만들어 주시면 교사들은 기쁨의 표정을 감추지 못한다.

"조리실에 선생님들 반찬 좀 만들어 놓았어요."

"어머, 내가 좋아하는 오이무침 준비해 주셨네요."

"군침이 싹~ 돌아요."

"난 빨간 콩나물에 밥 비며 두 공기나 먹었어요."

"요 근래 입맛이 없었는데 오랜만에 겉절이랑 배불리 잘 먹었네요."

"바쁘실 텐데 우리까지 생각해 주시고 너무 감사해요."

자신이 좋아하는 반찬인 오이무침이 나왔다며 그릇 가득 담아 오며 함박웃음을 짓는 교사, 나열된 특별식을 보는 것만으로도 군침이 돈다며 눈이 동그래진 교사, 빨간 콩나물과 밥을 비벼 두 공기나 먹었다면 배를 두드리는 교사, 오랜만에 배불리 먹었다고 만족스럽게 이야기하는 교사까지 모두 조리사 선생님의 따뜻한 배려에 기운을 얻어간다. 그래서 조리사 선생님은 우리 원의 '식의(食醫)'이기도 하다. 먹는 사람을 생각하는 마음을 가득 담은 조리사 선생님의 음식을 통해 구성원들의 몸과 마음은 건강해지기 때문이다.

늘 무거운 도자기 그릇을 닦아내고, 하나하나 반짝이도록 정리하는

조리사 선생님의 모습을 보면 늘 감사하다. 아이들 앞에 놓일 밥그릇이 온전하고 깨끗하기를 바라는 마음, 아이 한 명, 한 명을 귀히 대하겠다는 다짐으로 수고스럽게도 매일 그릇이 빛나도록 닦고 정리하신다. 밥상을 준비하는 그 수고로움은 곧 아이들을 향한 조용한 기도이며, 그 기도의 무게는 조리사 선생님의 진심만큼이나 묵직하다.

밥을 만드는 일은 눈에 잘 드러나지 않는다. 그러나 아이들의 웃음과 건강, 교사의 안도와 부모님의 신뢰는 모두 이 보이지 않는 조리사 선생님의 손길 위에서 자라난다. 아이들은 밥 한 끼를 통해 영양분만을 얻는 것이 아니라 그 속에서 누군가 자신을 위해 애써 주었다는 사실을 배우고, 그 깨달음은 곧 존중과 감사, 배려의 감정으로 이어진다. 아이의 마음속에 차곡차곡 쌓이는 이 경험은 타인을 귀히 여기는 힘으로 남는다.

결국 식육은 밥상 위에 오른 반찬에서만 이루어지는 것이 아니다. 음식을 만드는 조리사 선생님의 땀과 마음, 그것을 받아들이는 아이들과 교사의 웃음과 감사하는 마음이 얽히고 이어질 때 비로소 살아난다. 그래서 영유아교육기관에서의 밥상은 함께 배우고 성장하는 살아 있는 교실 이야기이다. 가장 깊은 자리에, 늘 묵묵히 아이들의 하루를 지켜 주는 조리사 선생님의 마음이 있다. 그 마음은 아이들에게 평생의 밥상이자, 감사의 첫 언어로 남는다.

아빠랑 같이 차린 우리들의 밥상

아빠와 함께한 원에서 이루어지는 요리 활동은 색다른 경험이 될 수 있다. 아이의 작은 손이 아빠의 손 위에 포개지고, 도마 위에서 애호박을 사각사각 썰 때, 아이의 눈빛은 호기심으로 가득 차 있었다. 그 눈빛 속에는 '내가 직접 만든 밥'이라는 자부심과 기쁨이 담겨 있었다. 아이들은 아빠의 서툰 칼질에서 나온 채소의 맛에서, 아빠와 함께한 시간이 세상에서 가장 소중하고 행복한 순간임을 느끼고 있는 듯 보였다.

아이와 아빠는 함께 밥상을 차려보면서, 음식을 만들어 주는 사람의 온 마음을 느껴 보았다. 밥 한 그릇이 저절로 차려지지 않는다는 것을 깨달음과 동시에, 먹는 사람을 향하는 그 마음의 크기와 무게도 함께 느끼게 된다. 그래서 아이들과 아빠에게 요리는 누군가를 생각하고 나누는 마음을 배우는 시간이기도 했다. 애호박을 자르고, 만지고, 국을 나누는 순간마다 배움이 이어졌다. 밥상은 곧 누군가의 마음이고, 한 끼는 정성의 결실이었다.

이날 아이와 아빠가 함께 만든 음식은 서툴고 모양은 들쑥날쑥했지만, 그 안에는 서로에 대한 존중과 감사가 담겨 있었다. 아빠는 아이들을 향하는 마음으로 채소를 썰고 볶았고, 아이들은 함께 요리하며 밥상을 준비하는 아빠를 향하는 마음으로 열심히 칼질을 해댔다. 서로를 위해 음식을 만들며 그 마음을 담뿍 담아 보았다. 그래서 아마도 먹는 사람을 향하는 온 마음이 그날의 음식을 더욱 맛깔나게 해주었던 것 같다.

또한 아빠들은 원에서 아이들과 요리해 보면서, 집에서는 잘 먹지 않던 반찬이 원에서는 환한 얼굴과 함께 사라지는 까닭을 그제야 이해하게 된다. 한 끼의 밥은 맛도 중요하지만, 누군가의 온 마음이 깃들어 있다는 것을 다시금 알게 된다. 그래서 부모님들은 영유아교육기관을 단순히 아이를 맡기는 곳으로만 여기지 않는다. 신뢰와 감사

가 겹겹이 쌓인 자리, 마음과 마음을 나눌 수 있는 안심과 공동체의 품으로 기억한다. 비록 짧은 시간이었지만, 아이들은 아빠들과 음식을 만들어 보면서 서로를 위하고 생각하는 마음을 먹을거리에 담아내 보았다. 그 마음은 삐뚤빼뚤한 채소의 모양과는 견줄 수 없을 만큼 깊은 마음이었고, 소중한 한 끼 밥상에 온전히 채워보았다. 그래서일지도 모르겠다. 밥이 맛있어서 배가 부르기도 했지만, 서로를 생각하는 마음을 받으며 마음의 배가 더 부르지 않았나라는 생각도 든다. '한 끼의 식사는 곧 마음을 나누는 언어이고, 요리는 그 언어를 배우는 따뜻한 과정이다.'라는 것을 생각해 볼 수 있는 소중한 시간이었다.

재료 손질의 달인, 우리 선생님

때때로 아이들과 교사가 함께 둘러앉아 오늘 밥상을 위한 재료들을 손질할 때도 있다. 원에서 모두의 밥상을 주로 책임지는 사람은 조리사 선생님이지만, 가끔은 교사들이 아이들과 함께 큰 보탬이 되기도 한다. 물론 작은 채소 하나를 다듬는 일도 서툴고, 조리 도구를 다루는 일도 어설프다. 하지만 교사는 아이들과의 이런 시간을 통해 하루의 특별한 시작을 맞이해 보기도 한다.

땅콩 조림이 밥상에 올라오는 날, 교실 안에는 까끌까끌한 땅콩껍질이 바스락거리는 소리가 가득했다. 아이들은 땅콩을 하나씩 까내며 신기한 듯 웃음을 터뜨리고, 고소한 향이 공기 속에 스며들었다. 작은 손에서 나온 땅콩이 바구니에 차곡차곡 모일 때, 교사의 마음

은 뭉클해졌다. 이는 함께 모은 정성과 마음이 밥상 위로 차올라가는 순간이기 때문이다.

또 다른 날에는 콩나물이 교실을 채운다. 아이들은 까만 머리를 하나하나 떼어내며 "이건 콩나물이 숨 쉬는 자리래요!"하고 교사의 말을 따라 중얼거리기도 했다. 작은 손끝에서 떨어져 나온 꼬투리들이 옆에 수북이 쌓이고, 잠시 뒤 교실에 들어온 향긋한 콩나물무침은 아이들에게 더없이 특별했다. 자신이 손끝으로 거든 음식이라 더욱 의미가 있었다.

상추를 다듬는 시간은 또 달랐다. 아이들은 잎을 한 장씩 떼어내며 "이건 엄마랑 고기 먹을 때 먹는 거예요." 하고 자랑하듯 이야기하였다. 교사는 그 말에 귀 기울이며 아이들과 함께 잎을 씻고 가지런히 담았다. 점심 밥상 위에 오른 상추는 새로움과 친숙함을 동시에 전해 주며, 아이들에게는 집과 기관을 이어주는 다리가 되었다.

교사는 아이들과 재료를 준비하는 시간이면 아이들의 재미있는 이야기보따리에 웃음이 났다. 어제 엄마, 아빠와 함께 본 애니메이션 이야기, 마트에서 장난감을 본 경험, 할머니와 엄마가 통화하던 기억까지… 아이들의 목소리가 채소 다듬는 소리와 뒤섞여 교실을 가득 채우면, 그 순간은 삶을 나누는 교실이 되어갔다. 교사는 번거롭고 손이 많이 가는 과정이지만, 아이들과 함께 음식 준비를 돕는 과정이 기쁘고 즐겁기도 했다. 물론 오롯이 아이들을 위한 마음으로 시작한 밥상 준비였지만, 사실 교사에게는 익숙하지 않은 일이기도 했다. 그래서 아이들은 교사의 서툰 손놀림에 깔깔 웃기도 했지만, 아이들이 먹을 음식이기에 교사들은 힘을 내어 자신들의 정성과 사랑을 최대치로 쏟아내 보는 것이다.

아이들을 생각하며 재료를 손질하는 교사의 마음은, 매일 음식을 만들어 주시는 조리사 선생님의 수고와 견주어도 전혀 모자람이 없다. 매일 수많은 재료를 씻고 다듬으며 정성껏 밥상을 차려내는 일이 얼마나 큰 힘과 마음이 필요한지 몸소 느끼며, 때로는 그 마음을 아이들에게 전달해 주는 중간자의 역할을 하기도 한다. 그래서 아이들 앞에서 자연스럽게 "이건 조리사 선생님이 정성껏 해 주신 거야." 라고 하며, 아이들이 음식을 만들고 준비해 주는 사람에 대한 감사한 마음을 늘 생각할 수 있도록 하였다. 그 말은 곧 아이들에게 감사의 언어가 된다. 또 교사는 조리사 선생님에게 "오늘 반찬이 참 맛있어요."라는 인사 한마디를 건네며, 음식을 만드는 사람의 정성과 마음에 공감하고 존중하는 표현을 전해보기도 하였다. 이는 교사 자신에게는 마음을 가다듬는 다짐이 되기도 한다.

이렇듯 교사는 아이들의 음식을 직접 만드는 역할을 하지는 않지만, 가끔 재료를 손질하면서 음식 준비를 도우며 음식 만드는 사람에 대한 마음을 가져보기도 한다. 만드는 과정을 함께 하면서 감사와 존중의 마음이 자라고, 먹는 행위가 사람과 사람을 잇는 돌봄임을 깨닫게 된다. 또 누군가의 수고가 모여 한 끼가 완성됨을 몸소 보여주었다. 아이들의 음식에 온 마음을 담아 재료를 준비하는 교사들의 따뜻한 마음 덕분에, 아이들은 매일 원에서 먹는 한 끼 밥상을 통해 사랑을 배우고 무럭무럭 자라는 것 같다.

음식을 먹는 사람들의 행복한 마음

식단표를 보면서 시작되는 행복한 아침

"얘들아, 안녕~ 우리 오늘도 재미있게 놀아보자."라며 아침 인사를 하는 원장님에게 "원장님, 오늘 식단표 뭔지 알아요?"라며 윤후가 이야기를 꺼냈다. 잘 기억나지 않는다는 원장님에게 윤후는 그것도 모르냐며 되물었고, 아이들은 이내 오늘의 식단 메뉴를 서로 번갈아 알려 주었다.

"아침에 식단표 안 봤어요? 나는 아침에 식단표 보고 왔는데."

"내가 알려 줄게요. 오늘 오전 간식은 사과고,
점심은 카레라이스, 얼갈이된장국, 물만두, 깍두기~"

"오후 간식은 내가 말해줄게. 오이가 올라간 잔치국수예요."

"어? 오늘 내가 좋아하는 카레라이스가 나온다고?

나 오늘 점심 많이 먹어야지."

"나도 카레라이스 좋아하는데…. 나도 두 그릇 먹을 거야."

"잔치국수가 오후 간식이래.

난 잔치국수 좋아해서 많이 먹어야지, 헤헤."

"오늘은 카레라이스도 나오고 물만두도 나오고,

오후 간식은 잔치국수야."

"오늘은 우리가 좋아하는 음식이 많이 나와서 너무 기대된다."

카레라이스를 좋아하는 아이도, 잔치국수를 좋아하는 아이도 모두 자신들이 좋아하는 음식에 대한 이야기꽃을 피우며 행복하게 하루를 시작해 보았다. 아이들은 식단표 하나로 원에서의 즐거운 하루를 기대할 수 있었고, 서로 좋아하는 음식에 대해 자연스럽게 이야기를 나누며 함께 자라나게 된다.

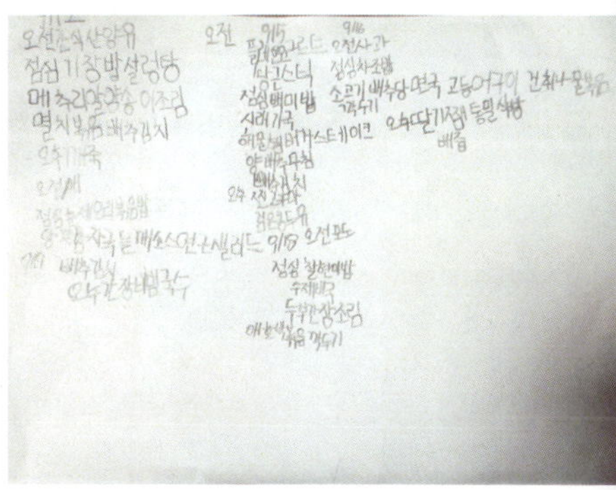

점심 메뉴로 삼색나물이 나온 날이었다. "나 나물 반찬은 별로 안 먹고 싶은데."라며 한 아이가 고개를 저으며 먹기를 주저하자, 다른 몇몇 아이들이 맛있다며 직접 먹는 모습을 보여주었다. 교사가 나물을 밥과 비벼 먹자, 이 모습을 본 세민이와 소민이도 함께 비벼 먹기 시작했다.

"음~ 이렇게 밥이랑 나물을 비벼 먹으니까 맛있네."

"너희들도 비벼 먹어봐."

"맞지! 이렇게 밥이랑 나물을 비벼 먹으니까 맛있다."

"우리 지난번 옥수수 따러 갔을 때도 이렇게 먹었잖아."

아이들은 지난번 옥수수 체험 때 밥과 나물을 비벼 먹었던 기억을 떠올리며 맛있게 비벼 먹었다.

"나물 반찬이 맛있네."

"선생님, 나 나물 반찬이랑 밥 더 주세요."

"이것 봐. 나도 나물 반찬 먹었다."

"내가 좋아하는 미역국이 나왔어."

"나도 미역국 좋아하는데."

"닭고기 간장조림 반찬도 맛있네."
"음~ 닭고기랑 밥도 비벼 먹어보니 엄청 맛있다."
"나 봐라~ 난 김치도 먹을 수 있지."
"밥을 많이 먹어서 배가 불러."
"내 배는 엄청 뚱뚱해졌어."
"골고루 잘 먹어 엄청 튼튼해진 느낌이야."

처음에 나물 먹기를 주저하던 아이들은 이전에 먹었던 기억을 떠올렸고, 나물 본연의 맛을 음미하며 나물 반찬이 맛있다는 사실을 느끼게 되었다. 또 먹기 어려웠던 음식을 먹어보며 용기도 얻게 되었다. 이뿐만 아니라 아이들은 점심 메뉴로 함께 나온 미역국과 김치, 닭고기 등 여러 음식의 풍부한 맛과 향에 매료되어 맛있게 먹으며, 자기 몸이 굉장히 튼튼해졌다는 긍정적인 믿음 속에서 행복한 한때를 보낼 수 있었다. 잘 먹는 아이가 진정 행복한 아이임을 보여주는 좋은 풍경이었다.

함께 먹어 행복하고, 특별해서 행복하고

필자의 원에는 '다가치 밥상'이라는 날이 있다. 원의 구성원 모두가 함께 밥을 먹는 날인 '다가치 밥상' 날이 되면 아이들은 누구랑 점심을 먹을지 고민에 빠진다. 어떤 동생들과 같이 먹을지 정하면서 서로의 손을 맞잡고 오늘 하루를 기대하는 모습을 보였다.

"오늘은 어떤 동생반이랑 같이 밥을 먹어볼까?"

"난 오늘 도란반 동생들 옆에 가서 밥 먹을래."

"그럼 나는 도담반 동생들이랑 같이 먹어볼게."

"그럼 우리는 젤 큰 형님반이니까 제일 어린 0세반 보담반 동생들이랑 같이 먹으면서 동생들에게 우리의 잘 먹는 모습을 보여줘야겠어. 하하."

"그럼 우리는 2세반 동생들하고 맛있게 점심 먹을게."

모두가 다 같이 밥을 먹기 위해 유희실로 모였다. 형님반 아이들은 각자의 희망대로 함께 밥 먹을 동생들 옆에 앉아 즐겁게 이야기를 나누며 점심을 먹기 시작했다.

"이수야, 콩나물 좋아해?
오빠는 콩나물 엄청나게 좋아하는데."
"국물이 잘 안 떠지는구나. 오빠가 도와줄게."
"하든이가 밥을 엄청나게 잘 먹네."
"봐봐. 누나도 잘 먹는다."

오빠가 동생에게 맛있게 먹는 모습을 보여주니 동생도 따라 먹었다. 그리고 숟가락질이 서툰 동생을 도와주며 밥을 잘 먹을 수 있도록 하기도 하였다. 동생이 밥 먹는 모습이 기특한 아이들은 크게 웃기도 하고, 동생들이 귀엽다며 밥을 먹는 내내 동생들이 먹는 모습을 바라보기도 하였다. 또 서로의 이름을 주고받으며 화기애애한 분위기가 계속되었다.

"형아, 이름이 뭐야?"
"내 이름은 지운이라고 해. 넌 시안이지?"
"오빠, 내 이름은 알아?"
"너는 채윤이잖아."
"밥도 골고루 부지런히 먹어보자."

도란도란 이야기를 나누며 함께 식사를 마친 뒤 교실로 들어온 아이들은 오늘 있었던 '다가치 밥상'에 관한 여러 가지 이야기를 나누기 시작하였다.

"유희실에 모두 모여 밥 먹으니까,
우리끼리 먹는 것보다 더 재미있었어."
"같이 밥 먹으면 우리가 동생들 도와줄 수 있는데….
그러면 동생들도 지금보다 밥을
더 잘 먹을 것 같지 않아?"
"모두 모여 같이 먹으니까, 밥이 더 맛있더라."
"매일매일 모두 모여 밥 먹자고 해야겠다."

아이들은 반끼리 밥을 먹는 것보다 모두 모여 밥을 먹으니 더 재미있었다고 한참을 조잘거렸다. 그리고 동생들이 밥을 잘 먹도록 도움을 줄 수 있다는 형님로서의 의젓한 모습을 보이기도 하였다. 같이 밥을 먹으면서 이름도 물어보고, 여러 가지 이야기를 나누면서 아이들은 그들의 일상을 나누고 있었다. 조금 더 친밀해지고, 행복해지고 있었다. 그렇게 아이들은 한집에 살면서 함께 식사하는 '식구(食口)'가 되어가며 함께 나누는 밥상의 행복함을 경험하고 있었다.

원에서 또 다른 행복한 밥상은 뭐니 뭐니해도 생일 밥상이다. 생일은 아이들에게도 특별한 날이고, 원에서도 특별하다. 생일을 맞이한 친구들을 축하해 주기 위해 유희실에 모인 아이들은 생일 잔치에 초대된 것이 마냥 신나고 흥겨운지 시끌시끌했다. 자기들끼리 생일 축하 인사를 건네기도 하고, 생일 축하 노래를 부르다가 흥에 겨운 아이들은 일어나서 덩실덩실 춤을 추기도 했다.

생일축하해요~

"오늘 내 생일이라서

난 황금 그릇에 밥 먹는다. 헤헤."

"나도 오늘 황금 그릇에 밥 먹는다."

"나도 황금 그릇에 밥 먹고 싶다."

"너희들도 생일 되면 우리처럼 황금 그릇에

밥 먹을 거야. 조금만 기다려 봐."

"그래, 다음 달 내 생일에 나도 황금 그릇에

밥 먹을 수 있어."

"난 생일날 먹는 미역국이 더 맛있더라."

"생일 밥상에 맛있는 반찬도

많이 나오는 것 같아."

"그래 맞아. 생일은 즐겁고 신나는 날이니까

우리가 좋아하는 음식이 많이 나오네!"

아이들에게는 황금 그릇에 밥을 먹는 것도, 미역국과 푸짐하게 차려진 생일 밥상이라는 점도 부러움의 대상이었다. 그래서인지 이날만큼은 평소와는 다르게 특별한 대우를 받으며, 아이들은 특별한 밥상에 대해 행복함을 마음껏 느낀다.

오후 간식으로 생일떡을 나눠 먹으며 생일 나눔떡에 대한 의미도 생각해 보았다. 아이들은 "생일에 나오는 떡을 먹을 수 있어 너무 신난다."고 하였다. "나는 집에 갈 때 엄마 아빠랑 생일떡 같이 나누어 먹을 거예요."라며 떡을 가방에 챙기는 아이도 있었다. 교사는 아이들에게 생일날 온 동네 사람들과 같이 축하하자는 의미로 생일 나눔떡을 돌렸던 이야기를 해주며, 가족들과 같이 축하하는 마음을 가져보기로 했다.

"생일잔치는 항상 신나고 재미있어요."
"황금그릇에 밥 먹으면 밥이 더 맛있어요."
"생일잔치에 먹는 밥상은
평소보다 더 맛있는 것 같아요."
"떡케이크 먹을 수 있어서
맨날 생일이었으면 좋겠어요."
"생일 나눔떡을 가족들하고
나누어 먹을 수 있어 좋아요."

아이들에게 이런 말을 들으면 정말 행복해지는 것 같다. 그래서 아이들은 생일날을 더욱 기다리는 게 아닐까 싶다. 생일 노래와 함께 모두의 축하를 받고 싶고, 맛있는 음식이 가득 담긴 황금 그릇 밥상도 보고 싶다. 또 생일떡을 나눠 먹으며 즐기는 것도 좋다. 아이는 이렇게 생일날 태어난 것을 축하받음으로써, 자신은 소중하고 고귀한 존재임을 느끼며 세상을 힘차게 살아갈 힘을 얻게 된다. 그 힘을 불어넣어 주는 것이 바로 따뜻한 한 그릇의 생일 밥상인 것 같다. 생일날 받게 되는 맛있고 특별한 생일 밥상에 대한 추억은, 아이의 삶을 따뜻하고 행복하며 희망찬 기대로 가득하게 만들어 주는 소중한 선물이 될 것이다.

교사도 맛있는 음식을 먹으면 행복해요

"얘들아, 오늘 점심에 선생님이 좋아하는 메추리알 조림 나왔어."

"선생님은 메추리알 좋아해요?"

교사도 원에서 맛있는 음식을 먹으며 행복을 찾는다. 아이들은 교사가 메추리알 반찬을 보고 반가워하는 모습이 사뭇 재미있는지 웃었다. 그러면서 교사에게 "나도 메추리알 좋아해요."라며 행복한 미소를 지어 보였다.

교사들은 아이들이 즐겁고 행복해하는 모습에서 큰 보람과 자부심을 느낀다. 때로는 예기치 못한 어려움에 힘들어하기도 하지만 나름의 방법으로 극복하기 위해 노력한다. 사람들이 맛있는 음식을 먹으면서 힐링하는 것처럼, 교사들도 먹을거리에서 소소한 행복을 찾으며 힘을 내기도 한다.

함께한 밥상, 선생님들의 이야기

- 솔직히 교사로서 사는 삶이 항상 즐겁거나 행복하지는 않아요. 물론 사명감으로 이 일을 하지만 때로는 일로써 다가오기도 하죠. 그럴 때마다 저만의 위로를 찾습니다. 그날그날 나오는 식단표 메뉴를 보며 제가 좋아하는 음식이 나오나 하는 기대감을 가집니다. 출근했지만 그날 하루 보내기가 힘든 날 오늘 나오는 메뉴를 보며 점심을 기다립니다. 점심을 먹고 나면 곧 아이들 낮잠 시간이니 하루가 다 지난 느낌이 들어요. 그럼 그날 하루를 또 보냈잖아요…. 힘든 하루하루지만 그 하루하루가 모여 일상이 되고 또 그런저런 일상이 모이면 삶이 되니 결국은 맛있는 밥 한 끼가 삶을 살아가게 하는 원동력이 되는 것 같습니다.

- 처음 생태기관에 근무하고 나서 몸무게가 5킬로 정도 빠졌어요. 생태기관에 적응한다고 애를 쓴 것도 있었고 생태기관의 급간식이 식자재 본연의 맛에 집중하며 밥상을 차리는 것이 낯설기도 했었던 것 같아요. 그런데 이제는 기관에 적응도 되었고 생태기관이 추구하는 자연 본연의 맛에 심취되어 모든 음식이 맛있네요. 빠졌던 살이 다시 회복되어 속상하기는 한데 그래도 요근래 우리 기관의 밥이 너무 맛있어서 너무 좋아요. 오늘은 또 무슨 음식이 나올까? 하는 기대감이 듭니다.

- 우리 기관의 음식이 참 맛있어요. 그래도 염도나 양념이 아이들 입맛에 맞게 하다 보니 어른들의 입맛에는 조금 허전하다는 생각이 들 때가 있어요. 한 번씩 조리사 선생님께서 교사들을 위한 음식을 따로 만들어 주실 때가 있는데 그런 날은 평소보다 밥을 더 먹는 것 같아요. 삶의 활력이 됩니다. 그리고 교사들을 위해 따로 특별식을 만들어 주시는 조리사 선생님의 그 마음이 참 감동입니다.

교사가 행복해야 우리 아이들도 행복하다. 맛있는 음식을 좋아하는 사람들과 함께 먹는 즐거움이 매일의 일상을 살아가는 교사들에게도 소소한 행복으로 다가온다. 따뜻한 밥 한 끼를 통해 살아갈 힘을 얻는 교사, 그 힘으로 우리 아이들을 정성껏 돌보기 때문에 교사를 위해 제철 재료로 정성껏 지은 밥과 국 한 그릇은 지친 그들의 몸과 마음을 다시 일으켜 세우는 데 보탬이 될 수 있다. 어찌 보면 맛있는 음식은 교사에게 작은 재충전의 시간이 되고, 한 끼 밥상에서 느끼는 따뜻함은 아이들에게도 그대로 전달된다.

"조리사 선생님 밥 남은 거 있어요?"

"어머나, 오늘 밥 많이 들어갔는데."

"어떡하겠어요. 조리사 선생님께서 음식을 너무 맛있게 만드셔서 그런가 봐요. 점점 더 많이 먹네요."

"어머나, 세상에서 제일 듣기 좋은 말이다."

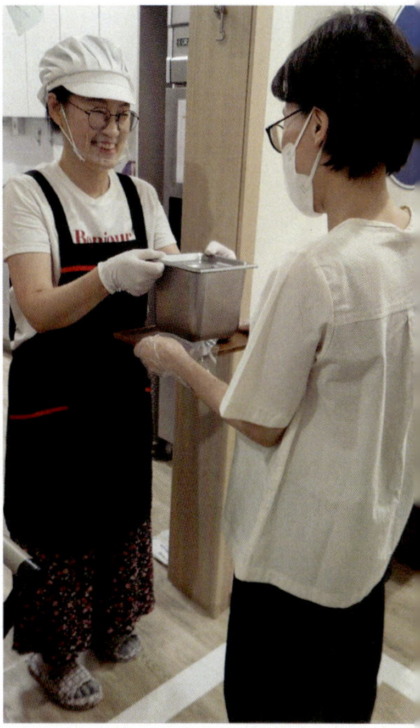

교사들이 맛있는 음식을 먹고 행복해하는 모습에 조리사 선생님도 함께 힘이 난다. 음식 하나로 서로에게 힘을 주는 소중한 존재가 되어 있었다.교사는 맛있는 음식을 만들어 주신 것에 대해 감사하고, 조리사 선생님은 맛있게 먹어주는 것에 감사하면서 서로를 위하는 마음이 점점 커지고 있었다.

모내기 체험을 하러 간 날, 원에서 도시락을 준비해 갔다. 배가 고팠던 아이들과 교사는 어묵야채볶음밥과 방울토마토 도시락을 꺼내어 점심으로 먹었다. 아이들과 교사는 너무 맛있다고 감탄하며 행복해하였다. "조리사 선생님께서 밥을 너무 맛있게 만들어 주신 것 같아요."라며 입안 가득 볶음밥을 넣은 아이의 이야기를 들으며 교사도 행복한 표정을 지으며 먹었다. 그리고 이러한 마음을 조리사 선생님에게 전하기로 하였다.

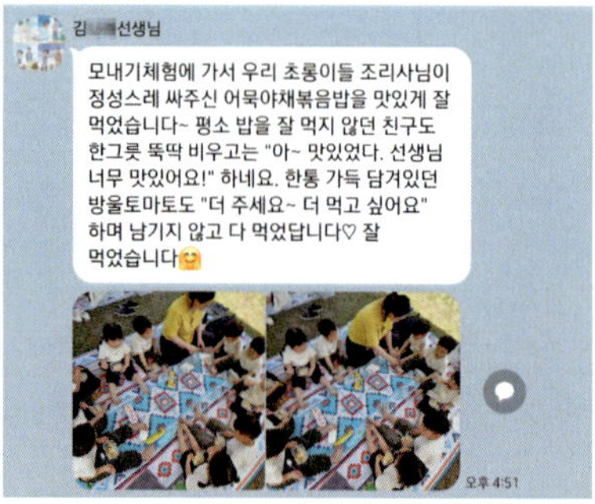

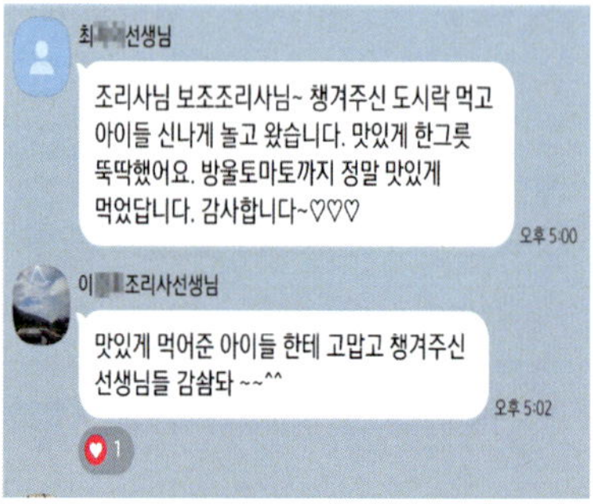

교사는 조리사 선생님에게 '조리사 선생님 맛있는 도시락 준비해 주셔서 너무 감사합니다.'라는 인사와 함께 아이들이 점심을 먹는 풍경을 메시지로 보냈다. 그랬더니 도리어 맛있게 먹어준 아이들과 챙겨주신 선생님들에게 감사 인사를 전해 주었다. 비록 말이 아닌 글을 통해 오고 간 소통이었지만 보이지 않는 그 너머에서 느껴지는 조리사 선생님의 행복한 기분이 체험 현장에 있는 아이들과 교사들에게까지 전해지는 듯하였다. 이렇듯 교사는 맛있게 먹고 행복해진 마음을 다시 조리사 선생님에게 감사의 마음으로 보답하는 것을 잊지 않았다. 그래서일까, 짧지만 따뜻한 말 한마디는 한 그릇의 밥이 교사와 조리사 선생님, 아이들의 마음까지 모두 잇는 작은 기적이 되었고, 모두가 행복한 기억을 가질 수 있게 되었다.

아빠와함께하는
안심급식모니터링

아이가 잘 먹으니, 모두가 행복해요

바른 먹거리와 안전하고 바람직한 급식환경을 조성하기 위한 안심급식 모니터링이 실시되는 날, 아빠 세 분이 기관을 방문하였다. 모니터링에 참여하게 된 동기를 묻자, 아빠들은 식재료와 조리 과정 및 아이들의 먹는 모습이 궁금하여 참여하게 되었다고 하였다. 한 아빠는 "평소 집에서는 밥을 잘 안 먹어요. 그런데 담임 선생님께서는 항상 우리 애가 밥을 잘 먹는다고 하시는데 솔직히 안 믿어집니다. 그래서 선생님 말씀이 진짜인지 확인하고 싶어서 참여하게 되었습니다."라는 재미있는 대답으로 웃음을 가져다주었다.

아빠들은 급식 자재 검수와 조리 과정에 참여해 본 후 아이들과 식사하기 위해 유희실에 모였다. 오늘 메뉴가 오색 비빔밥이어서, 아빠들이 비빔밥을 직접 비벼 아이들에게 나누어 주고 함께 식사하였다. 아이들은 옆에 앉은 아빠들에게 "아저씨 이름은 뭐예요?", "나이는 몇 살이에요?", "어디서 왔어요?"하며 한참 질문 공세를 펼쳤다.

아빠를 발견한 한 아이는 "아빠, 내 옆에 앉아."라며 손을 이끌었고, 아빠도 흐뭇한 표정으로 아이 옆에 앉았다. 아빠는 "오늘 비빔밥인데, 채소 안 좋아하잖아."라며 딸을 걱정스럽게 바라보았다. 그러자 아이는 "아니야. 나 비빔밥 얼마나 좋아하는데."라며 크게 한술 떠서 먹었다. 아빠가 놀란 두 눈으로 바라보자, 아이는 "나 또 먹는다. 잘 봐."라며 보란 듯이 입을 크게 벌려 먹었다. 아빠는 기쁨의 함박웃음을 지었다. 이 모습을 본 원장님은 "아버님, 원에서는 편식 없이 골고루 잘 먹고 있어요. 담임 선생님이 하시는 말씀이 거짓이 아니라 진짜입니다."라고 하였다.

그러자 아빠는 “좀 배신감이 느껴지는데요. 그래도 이렇게 잘 먹으니, 부모로서 안심이 되고 기쁩니다.”라며 웃으면서 아이의 머리를 쓰다듬어 주었다. 아이가 잘 먹어서 부모도 행복하다는 점을 가장 생생하게 보여주는 모습이었다. 아이를 바라보는 아빠의 눈빛만으로도 교실 안에 따뜻함이 감도는 듯했다.

이렇게 잘 먹는 아이들이 과연 얼마나 잘 자라고 있을지 늘 궁금하다. 그래서 키와 몸무게를 측정하다 보니 부쩍 많이 자란 아이들의 모습이 눈에 띄었다. 교사는 “키가 많이 자랐네. 1학기 때보다 5.8cm나 더 컸다.”, “우와 몸무게도 3kg나 늘었네.”라며 아이들에게 모두 잘 자라고 있다는 것을 따뜻한 말과 눈빛으로 전하였다. 아이들은 교사의 이야기에 괜스레 뿌듯해하며, 음식을 더 골고루 잘 먹어야겠다는 다짐도 해본다.

"우리 아이들이 학기 초보다 많이 컸어요."

"어쩐지 이제는 안거나 업기가 조금 힘이 들었어요."

"밥을 잘 먹어서 이렇게 쑥쑥 컸나 봐요."

"잘 먹고 쑥쑥 잘 자라고 있어서 너무 감사드립니다."

알림장을 통해 아이들이 이만큼 잘 자라고 있다는 것을 가정에 알렸다. 부모들은 잘 먹고 잘 자라고 있는 아이들이 그저 기특하면서도, 잘 먹을 수 있게 도와주는 교사와 원으로 그 공을 돌렸다. 그리고 앞으로도 우리 아이들이 지금처럼 잘 먹으면서 행복하게 잘 자라기를 기원하고 소망하셨다.

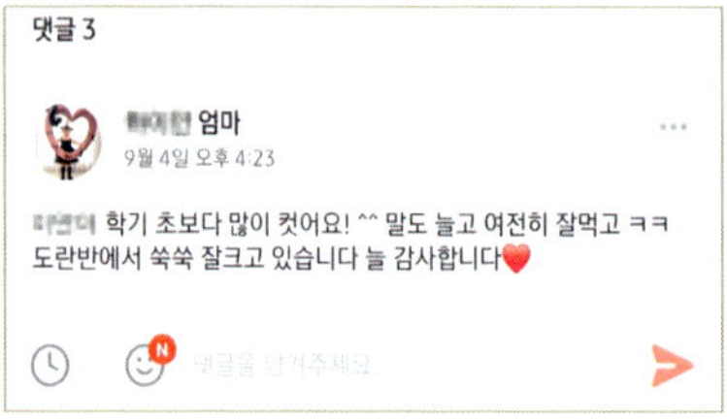

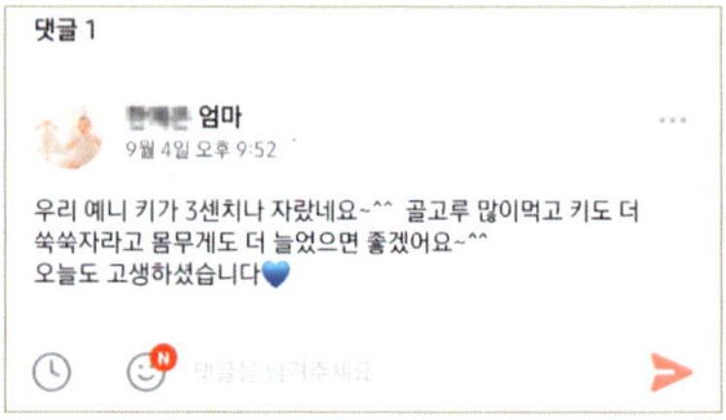

부모와 교사에게 아이가 잘 먹어서 행복하다는 것은, 아이의 몸과 마음이 건강하게 자라고 있다는 가장 확실한 신호가 되어 무엇과도 바꿀 수 없는 기쁨이 된다. 그래서 가정과 원에서는 가장 맛있는 음식, 가장 건강한 음식, 가장 주고 싶은 음식을 아이들에게 먹이며 몸과 마음이 잘 자랄 수 있게 해준다. 아이들을 위한 한 끼의 따뜻한 밥상에 듬뿍 담은 부모와 교사의 마음을 알기라도 하듯, 무럭무럭 자라는 아이들의 모습을 보면 온 세상을 다 가진 듯 기쁘고 행복하다. 아이가 잘 먹으니 정말 행복했다. 지금처럼 앞으로도 계속 아이들이 잘 먹고 잘 놀며 행복이 이어졌으면 한다.

음식을 대하는 마음가짐

콩도 한번 먹어봐. 먹어보면 맛있어

한 아이가 얼굴을 찌푸리며 젓가락으로 콩을 골라내자, 또 다른 아이는 의문스러운 표정으로 쳐다보며 묻는다.

"콩을 왜 그리 골라내고 있어?"

"아, 오늘 내가 싫어하는 콩밥이 나왔어."

"한번 먹어봐."

"싫어."

콩밥을 한 숟가락 떠서 내밀어 보았지만 여전히 얼굴을 찌푸리며 싫다고 한다. 콩을 먹지 않는 동생이 안타까웠던 아이들은 저마다 한마디씩 거들며 동생을 설득해 나가기 시작했다. 콩밥을 직접 먹는 모습을 보여주면서까지 먹으라고 했지만, 꽤 완강하게 먹지 않겠다고 버텼다.

"형아도 5살 때는 콩 싫어했는데 먹어보니 콩이 부드럽고 고소하고 달콤하더라."

"그래, 좋아하는 음식만 먹으면 안 돼.
우리가 튼튼하게 잘 자라려면 모든 음식을 골고루 잘 먹어야 해."

콩밥을 맛있게 먹는 모습을 보던 아이는, 형아들의 설득이 통했는지 호기심이 생기는지 젓가락으로 콩을 이리저리 다시 살피기 시작했다.

"진짜 콩 맛있나?"
"음, 진짜 부드럽고 고소하고 달달한 맛이 나."
"먹어봐. 맛있어. 우리가 건강하게 잘 크려면 콩도 잘 먹어야 해."

솔깃한 표정으로 아이는 콩을 한 개 입에 넣고 천천히 씹어보았다. 혀끝에 도는 콩의 고소하고 단맛이 느껴졌는지 꽤 만족스러운 듯 콩밥을 연거푸 먹었다. 콩을 뱉지 않고 계속 먹는 모습을 본 다른 아이들도 콩 맛에 점차 빠져들기 시작했다. 아이들은 동생들에게 우리가 건강하게 크려면 모든 음식을 골고루 잘 먹어야 하고, 모든 음식은 다 소중하고 필요하므로 골고루 잘 먹어야 한다는 말을 아주 그럴듯하게 하면서, 동생들이 밥을 골고루 먹을 수 있도록 도와주었다. 마치 교사가 된 것처럼 동생들에게 음식을 대하는 마음가짐을 알려주며 살뜰히 챙기는 모습이 참 든든했다.

우리 앞에 차려지는 매일의 밥상, 그 밥상에 정성스럽게 차려지는 음식은 우리 아이들에게 좋은 에너지원이 되며 윤택한 삶을 살아갈 수 있도록 돕는 힘이 된다. 또한, 정성스러운 밥상은 우리 아이들의 몸과 마음을 성장 발달하게 하며 우리 아이들의 영혼을 더욱 빛나게 하는 정신적 자원이 된다. 그렇기에 하늘과 땅의 조화와 햇볕과 바람, 비와 눈 등 자연의 순리 속에서 얻은 식재료로 정성껏 차린 밥상을 통해 음식이 가지는 본연의 맛을 자연스럽게 알아가려는 노력이 필요하다. 또한 아이들에게 한 끼 밥상의 가치와 의미를 새겨주며, 늘 감사한 마음을 갖고 음식을 대할 수 있도록 해야 할 것이다.

"논에서 걸어봤는데 잘 못 걷겠더라."

"난 논에서 빠졌어."

"모를 심는 것이 생각보다 힘들었어."

"모가 쌀이 언제 되어요?"

모내기 체험을 하고 돌아오는 차량에서 아이들의 대화가 한창이었다. 논에서 푹푹 빠져서 힘들었던 이야기, 모가 잘 심기지 않아 힘들었던 이야기를 나누며 노동의 수고스러움을 공감하고 있었다. 한 아이가 오늘 심은 모가 언제 쌀이 되는지 궁금해하며 교사에게 물었다. 교사는 봄부터 가을까지 햇볕과 비와 바람을 열심히 받아 벼가 돼야 하고 이후에 벼를 베고 탈곡까지 한 뒤에 우리가 먹는 쌀이 된다고 알려 주었다.

"쌀이 우리한테 오기까지 시간도 오래 걸리네."

"농부님들 엄청 힘들겠다."

아이들은 모두 쌀이 되기까지 엄청나게 걸리는 시간과 노력에 놀라며 눈이 동그래졌다. 그리고 농부님들이 힘들겠다며 안타까운 표정을 지었다.

“보세요. 나 밥 다 먹었어요.”라며 음식을 다 먹은 아이들은 자신의 빈 그릇을 보여주면서 뿌듯한 표정을 지었다. “어떻게 잔반이 하나도 없지?”라며 교사가 의문스럽다는 듯이 고개를 갸우뚱거리니 아이들은 “농부님들이 힘들게 농사지은 벼로 만든 밥이니까, 소중하고 맛있게 잘 먹어야지요.”라며 당연하다는 듯 쳐다보았다.

쌀에 대한 아이들의 감사한 마음을 편지로 전해보기로 하였다. “우리 농부님들에게 감사편지를 보내드리자.”라며 해맑게 이야기하는 아이들, 그래서 자기가 좋아하는 음식을 생산하고 계시는 농부님에게 감사 편지를 쓰기 시작했다.

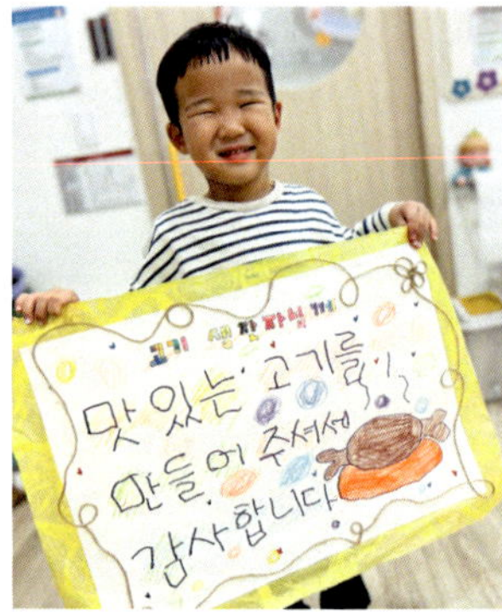

"나는 우리 지난번에 다녀온 쌀농사 지으시는 농부님께 쓸 거야."

"그럼, 나는 내가 좋아하는 콩나물을 생산해 주시는 농부님에게 편지 써 볼래."

"그럼 나는 내가 좋아하는 고기를 생산하시는 분에게 편지를 쓸 거야."

아이들은 서툰 손길로 정성껏 꾹꾹 눌러 담아 편지를 적었다. 그리고 얼마 뒤 원으로 편지에 대한 농부님의 답장이 전해졌다.

"얘들아, 여기에 농부님 답장이 왔어."

"우리가 보낸 편지를 받으셨나 봐."

"답장을 받을 수 있어서 너무 기뻐."

"다른 농부님들도 받으셨겠지?"

교사가 아이들에게 콩나물을 생산하시는 농부님들이 보내주신 사진 답장을 보여주니 편지를 쓴 모든 아이가 크게 기뻐하며 환호하였다. 자신의 편지가 다른 농부님들에게도 잘 도달했을지 궁금해하면서 우리의 감사한 마음이 잘 전달되었으면 좋겠다는 간절한 마음도 담아 보았다. 농사를 지어주시는 것만으로도 감사한데, 사진 답장까지 보내주신 농부님들에게 감사함은 몇 배가 되었다.

음식은 하늘과 땅, 햇볕과 바람 등 천지간, 자연과의 조화로 이루어진 선물이며 그 음식은 우리 앞에 차려지기까지 수많은 사람의 노고와 수고로움이 담긴 정성이다. 우리 앞에 차려진 밥상을 보며 이 밥상이 차려질 때까지 스며든 모든 과정과 노고, 수고로움을 깨닫고 주어진 음식을 감사하게 먹기 위한 마음을 자연스럽게 갖게 된다. 이것이 바로 식육을 통해 자라는 마음이다. 그래서 우리는 우리 아이들에게 알려줘야 한다. 모든 음식에는 누군가의 수고로움이 담겨 있고, 그것을 맛있게 먹으며 감사한 마음을 표현할 줄 아는 사람이 되어야 한다고 말이다. 이렇게 '식'을 통해서 생긴 감사와 존중의 마음은, 아이들이 자라는 동안 따뜻한 기억으로 남아 아이들의 삶에 영원히 머무를 것이다.

우리는 어릴 때 먹은 음식으로 어린 시절을 기억한다

세월이 흐르고 나니, 어릴 때 먹었던 된장찌개가 왜 그리도 생각나던지요. 그런데 이제는 아무리 끓여도 그 맛이 나질 않습니다. 왜 그럴까요? 손맛이 달라서 그런 걸까요? 아니면 재료가 달라서일까요? 아니면 입맛이 달라진 걸까요? 물론 엄마 아빠가 끓여주신 된장찌개는 구수한 한국의 집된장 맛과 갖가지 재료들이 내는 맛이 조화롭게 어우러져 그 자체만으로도 이미 맛이 있었겠지만, 지금 생각해 보면 분명 다른 무언가가 있었던 것 같습니다. 어릴 때 먹었던 음식을 떠올릴 때는 그날의 분위기가 함께 생각나고, 먹을 때 느꼈던 기분과 같이 있었던 사람들의 따뜻한 온기가 함께 있었기에 음식의 맛이 더 좋게 느껴졌던 건 아닌가 생각해 봅니다.

음식으로 하루를 기억합니다. 음식은 맛을 느끼고 배를 채워주는 것을 넘어서서 마음을 채워줍니다. 그래서 음식은 우리에게 많은 기억을 갖게 합니다. 그날 먹었던 음식에 대한 좋았던, 또는 그렇지 않았던 기억과 함께 있었던 일들을 생각나게 합니다. 어디서 누구와 어떻게 먹었는지, 어떤 종류를 먹었는지, 무슨 일이 있었고 기분이 어땠는지 등 무수히 많은 단서가 촘촘하게 연결되어 갑니다. 정말 줄줄이 풀어져 가는 실타래처럼 그날의 기억이 생생하게 떠오르고, 오래도록 마음에 머물도록 해줍니다. 그래서 음식은 그날을 기억하는 또 하나의 방식이 됩니다. 영유아교육기관에 머무는 시간이 길어진 요즘의 아이들은 어떤 음식으로 그때의 하루를 기억할까요?

음식으로 계절을 기억합니다. 봄, 여름, 가을, 겨울의 순환 속에서 그 계절을 대표하는 음식들이 있습니다. 물론 요즘은 계절에 상관없이 웬만한 음식은 먹을 수 있는 편이지만 그래도 계절마다 생각나는 음식들이 있습니다. 봄이 오고 산에서 진달래를 마주하면 어릴 적 어린이집에서 해먹던 진달래 화전을 떠올리는 아이가 있겠지요. 봄에서 여름으로 넘어갈 즈음 매실을 보면, 어릴 적 유치원 놀이터에서 매실을 따서 매실청을 만든 뒤 더운 여름에 시원한 매실차를 만들어 먹었던 기억이 나는 아이도 있겠지요. 가을에 고구마와 감을 보면, 어릴 적 소풍 가서 수확해 온 고구마로 고구마맛탕을 해 먹고 감말랭이를 해 먹었던 기억을 떠올리는 아이도 있겠지요. 겨울이 되면 선생님과 친구들과 함께 김장했던 날이 생각날 지도 모르겠습니다. 김치에 양념을 발라서 아이 입에 넣어주면, 조금 매운 눈치지만 최고로 맛있다고 웃어주었던 아이들이 떠오릅니다. 찬 바람이 불 때쯤 아이들이 그 맛을 기억해 주면 좋겠습니다. 어쩌면 한 아이의 기억 속에서 선생님 김치가 최고로 맛있는 김치였을지도 모르겠습니다. 이렇게 아이들은 유아교육기관에서 선생님과 친구들과 함께 만든 절기별 요리들을 계절이 바뀌는 어느 날 문득 떠올릴 겁니다.

음식으로 어린 시절을 기억합니다. 어린 시절의 음식은 사실 아주 유치하고 사소할 수도 있습니다. 그럼에도 맛은 오래 기억되는 것이 조금은 신기합니다. 가끔 바쁠 때, 뭘 먹어야 할지 선택하기 힘들 때 엄마가 간편하게 간장 계란밥을 해주셨던 기억이 납니다. 요즘도 가끔 해 먹거나 이제는 아이들에게 해주기도 하는데, 밥에다가 간장, 계란, 김가루, 참기름만 넣어 비비면 간단하게 맛있는 한 끼 밥상이 됩니다. 때로는 따뜻한 밥 아래에 버터를 조금 넣어 먹기도 했는데 풍미 가득한 밥이 되어, 김치와 함께 참 맛있게 먹었던 어린 시절의 내가 떠오릅니다. 소박하고 평범한 음식이고 특별한 날도 아니었지만, 이런 음식 하나가 어린 시절의 나를 기억해 내기에 충분한 것 같습니다. 유아교육기관 다닐 때 텃밭에서 직접 기르고 수확해 먹은 찐고구마 맛과 숲산책에서 따온 진달래로 해먹은 화전 맛을 잊지 못하는 우리들의 딸아이를 보면 더욱 그런 생각이 듭니다. 영유아기에 유아교육기관에서 먹은 음식 하나가 분명 아이들의 어린 시절의 한 페이지를 장식할 것입니다.

이처럼 음식은 건강 유지 그 이상의 힘을 가지고 있습니다. 잊고 있었던 기억을 하나씩 꺼내주면서 당시 느꼈던 소중하고 행복했던 감정들을 다시금 느끼게 해줍니다. 음식으로 하루를 기억하고 계절을 기억하고 어린 시절을 기억하면서, 우리는 생동감 있는 삶을 살아가고 있음을 깨닫습니다. 또 혼자가 아니라 함께 살아가고 있음을 느끼며, 음식으로 전해지는 따뜻함을 나누게 됩니다. 음식으로 만들어진 기억은 꽤 오랫동안 이어지는 것 같습니다. 음식은 혀끝에만 남는 것이 아니고 머리에만 남는 것도 아닙니다. 음식에 대한 기억은 가슴에 남습니다.

그래서 '식육'이 필요합니다. 음식으로, 먹는 걸로, 먹었던 추억으로, 우리 아이들이 자신의 영유아기를 아름답게 기억할 수 있도록 식생활교육, 즉 식육에 신경써야 합니다. 영유아기에 하는 식육은 글자 공부, 숫자 공부보다 더 중요한 가치와 의미가 있습니다. 식육에 대한 특별한 관심을 가지고 아이들과 다양한 요리를 함께 만드는 데 많은 열정을 쏟는 어느 원장님의 말이 생각납니다. "우리 아이들이 졸업하고 나면 우리를 잊겠지요. 이름은 커녕 얼굴도 기억 못 할 거예요. 그래도 함께 먹었던 음식은 살다가 가끔 기억날 것 같아요. 그런 생각을 하면 맛있는 음식 준비하는 게 더 신이 납니다." 오늘 우리가 하는 식육이 우리가 사랑하는 아이들이 앞으로 살아가는 동안 때때로 어릴 적 선생님과 친구들과 맛있는 걸 나눠 먹었던 기억으로, 행복했던 추억으로 떠올려지기를 기대합니다.

지은이 소개

김은주

부산대학교 유아교육과 교수로 재직하고 있으며, 아이살림·교육살림·생명살림을 위한 연구 및 실천에 관심을 갖고 활동 중이다. 현재 한국생태유아교육학회 회장 및 사교육걱정없는 세상 영유아교육포럼 위원 등으로 봉사하고 있다.

김정화

동래꿈에그린어린이집 원장으로, 동의대학교 영유아보육학과 박사과정을 수료하며 생태유아교육의 철학을 바탕으로 자연과 더불어 살아가는 삶을 실천하는 어린이집을 운영하고 있다. 아이들이 자연 속에서 배우고 성장하며 생태감수성을 키울 수 있는 환경을 조성하고, 부모와의 협력과 지역사회와의 연계를 통해 생태유아교육의 가치를 널리 알리며 일상 속에서의 실천이 이어지도록 힘쓰고 있다.

조명숙

부산대학교 교육대학원 유아교육과에서 석사학위를 취득하고, 현재 동래3차SK뷰어린이집 원장으로 재직 중이다. 자연과 놀이와 아이다움의 추구를 통해 우리 아이들이 행복할 수 있는 세상을 만들고자 가정, 기관, 지역사회가 연대하여 함께 되어가는 보육공동체로 살아가고 있다.

안세정

부산대학교 유아교육과에서 박사학위를 취득하고, 대학에서 강사로, 해운대구 육아종합지원센터에서 생태유아교육기관 전환컨설팅 컨설턴트로 활동한 바 있다. 현재는 부산대학교 교수학습지원센터 계약교수로 재직하면서 생태유아교육에 관심을 갖고 연구 중이다.

영유아, 식육(食育)으로 자란다
-영유아교육기관에서의 식생활교육 실천사례-

1판 1쇄 인쇄 2025년 11월 10일
1판 1쇄 발행 2025년 11월 15일

지 은 이 | 김은주 김정화 조명숙 안세정
발 행 인 | 박철용
발 행 처 | 양서원
주 소 | 경기도 파주시 직지길 522 파주출판도시
전 화 | 031-955-8000(代)
팩 스 | 031-955-8005
홈페이지 | www.yswpub.co.kr
이 메 일 | yswgroup@naver.com
출판등록 | 1987년 11월 24일 제406-2003-037호

ISBN 978-89-994-1615-6

정가 22,000원